Das Große Lautertal
in Wort und Bild

Fotos:
Karlheinz Käppeler

Herausgeber:
Friedhelm Messow

Unter Mitarbeit von:
Andrea Petri, Sabine Zulauf, Hermann Franken,
Dieter Graf, Martin Mangold und Hans-Jörg Schrenk

Viele Freunde und Kenner des Großen Lautertals haben unsere Arbeit mit wertvollen Hinweisen unterstützt. Dafür möchten wir uns herzlich bedanken.

© 1991 Verlag der
AEGIS BUCHHANDLUNG, Ulm
ISBN 3-924756-07-4

Gestaltung: Entwurf & Realisation
　　　　　　　Hartmaier und Mangold, Stuttgart
　　　　　　　Kai Zimmermann, Stuttgart
Lithos: Repro-Thomas, Wolfschlugen
Herstellung: Biberacher Verlagsdruckerei GmbH & Co.,
　　　　　　　Biberach an der Riß

Inhalt

		Seite
Friedhelm Messow	Das Große Lautertal – in jeder Hinsicht beispielhaft	4
Andrea Petri Friedhelm Messow	Leben und Arbeit Landwirt auf der Alb – kein leichtes Brot Maisenburg: Mit Ziegen volles Risiko Von Schneckensammlern, Mondscheinbauern und Gästebetreuern Keramikatelier Buttenhausen – wer steckt dahinter?	10
Andrea Petri Friedhelm Messow Dieter Graf	Ein Gang durch die Geschichte Burg an Burg und einiges zuvor Burgen werden gebaut Aus der Geschichte der Schülzburg Die Rolle der Klöster – Konfessionsgrenzen heute Die Juden in Buttenhausen	32
Hans-Jörg Schrenk	Das obere Tal An der Quelle Magnet Pferde – das Haupt- und Landgestüt Marbach Schloß Grafeneck – Lustschloß und Ort des Grauens	54
Hermann Franken Martin Mangold	Das mittlere Tal Die Große Lauter – gebändigt, und doch noch naturnah Gustav Mesmer, Ikarus vom Lautertal genannt Schafe, wandernde Landschaftspfleger Anton Geiselhart: liebevoll geehrt und fortgeführt	72
Friedhelm Messow	Das untere Tal Reine Naturidylle!? Naturtheater Hayingen: Geschichte zum Anfassen Oberschwaben ist ganz nah	92
Sabine Zulauf	Drei Naturwanderungen	110

Das Große Lautertal —
in jeder Hinsicht beispielhaft

Friedhelm Messow

Die Bahnfahrt am Samstagmorgen, das Fahrrad im Gepäckwagen, dauert nicht lang. Grün-weiße Schilder bereits in der Stadtmitte Reutlingen weisen dem Radler angenehme Wege Richtung Albtrauf, das immer enger werdende Echaztal hinauf. Geradelt wird oft auf der ehemaligen Bahntrasse. Wo einst die Zahnradbahn die steile Rampe von Honau zum Bahnhof Lichtenstein überwand, drücke ich hundert Kilo Rad, Gepäck und mich auf siebenhundert Meter Höhe. Bei dieser Steigung fährt es sich noch leidlich, und mir bleibt Zeit, über den Anspruch der Metzinger, Uracher, Reutlinger und auch Gomadinger nachzusinnen, »ihr« Teil der Alb sei »der schönste«. Vieles persönlich Erlebte fällt mir ein, was diesen Slogan durchaus bestätigt.

Doch die Reize der steilen Neckarseite sind nicht alles, was die Alb zu bieten hat. Was hier fehlt und was ich heute suche, ist Weite, sind Blicke über sanfte Kuppen, über manche Wacholderheide mit mächtigen, einzelnen Buchen, Linden oder Eichen, sind langgezogene, sich schlängelnde Täler bis zur Donau, bis Oberschwaben. Es ist das, was das Große Lautertal auszeichnet.

Gleich nach Engstingen fahre ich durch ein Talstück, das alte Trockental von vor der Eiszeit, das direkt zur Lauterquelle führt. Glatt und in wenigen Minuten ist der herrliche Quelltopf der Lauter in Offenhausen erreicht. Das klare Wasser quillt sichtlich stärker aus den Felsspalten als noch vor Wochen, vor dem langen Regen. 150 Liter in der Sekunde sollen es sonst sein, heute drängen sicher mehr heraus. Eine ruhige halbe Stunde sitze ich an der ummauerten Quelle zwischen der alten Klostermauer und den Ställen des Gestüts, dann geht es weiter.

Schon nach wenigen Kilometern ist aus der Lauter ein richtiges Flüßchen geworden, mehrere Meter breit und sehr klar — worauf sich auch ihr Name bezieht. Die Schleifen holen hier noch nicht weit aus. Sie sind genau das, was an Neckar-, Rhein- oder Donaukanal gewohnte Augen als wohltuend und »natürlich« ansehen. Daß auch dieser Fluß vor allem im Bereich der Ortschaften Begradigungen erfuhr — Fachleute reden von Meliorationen, denn man sah es nur als Verbesserungen an —, bemerkt man kaum. Mit der Entfernung von der Quelle werden die Mäander in den Wiesen weiter. Manchmal pendelt das gesamte Tal in großen Schwüngen, läßt als Urheber einen urzeitlichen größeren Lauterfluß ahnen. Am Rand einer Wiese steht unbeweglich ein Graureiher, lauert »seinem« Fisch auf. Ein anderer streicht krächzend von einem schattigen Fichtenhang übers Tal.

Über der entgegengesetzten, steilen Talflanke, von der Sonne prall beschienen, kreisen zwei Mäusebussarde. Sie nutzen souverän die Thermik. Gleich hinter Gomadingen war mir ein leiser Duft in die Nase gestiegen. Er entstammte der ersten größeren Wacholderheide oben im Tal. Nach Dapfen, Wasserstetten, Buttenhausen hin liegen auf der Sonnenseite noch einige der alten, kargen Schafweiden. Je nach Pflege und Beweidung zeigen sie aber schon alle Stufen der natürlichen Wiederbewaldung. Einen Schäfer entdecke ich heute nirgends.

Ein Stück der schmalen, etwas welligen Lautertalstraße ist noch nicht geglättet. Ich fahre gern ihre vielen Kurven, bin auf Kieswege nicht erpicht. Auch Wanderer sind wohl froh, wenn sie dort keinen Fahrzeugen begegnen. Es reicht ja, wenn später zufällig »Autospazierer«, Radler und Wanderer an einem Tisch im Gasthaus sitzen. Und heute am Samstagmittag, da ist es auf der Landstraße ruhig.

In Buttenhausen schaue ich, was alles in der Quelle des Roßbachs blüht. Flutender oder Schlaffer Hahnenfuß? — Hundersingens Häuser drücken sich an den steilen Hang, den weit oben die erste größere Burgruine des Lautertals

Von Ruine Hohengundelfingen hinunter zur Wittsteig

überragt. Zwei enge Biegungen weiter kommt die erste Zwiebelhaube in Sicht: Bichishausens Kirche markiert, wo die alte Grenze vom protestantischen Württemberg zum katholischen Vorderösterreich und Oberschwaben das Lautertal quert. Ein hölzernes Zollhäuschen ist der Historie gut nachempfunden. Wie die *Gundelfinger Wand,* einige Minuten weiter, gibt sie doch einen schönen Hinweis auf Anton Geiselharts künstlerisches Schaffen.

Als Nichtmotorisierter kann man die große Gundelfinger Schleife der Lauter auskosten. Ich entscheide mich für den weiteren Weg mit seinem aufschlußreichen Blick hoch zu den beiden Burgruinen und komme eben ein paar Minuten später nach Indelhausen. Auf dem Weg dahin drängen die Felsen immer dichter an Straße und Fluß. Oben lugt Burg Derneck über den Wald. Überschaubar ist das alles, nicht so mächtig wie an der oberen Donau. Wahrscheinlich ein Grund, warum hier alles, mindestens von unten, eher lieblich als wild erscheint.

Dann erneut ein Schwenk, und in Anhausen unter der theatralischen Kulisse der mächtigen Ruine Schülzburg beginnt der urwüchsigste Abschnitt des Lautertals. Keine Autos mehr, kein Gasthaus, zwischendrin der Wasserfall des Hohen Gießel, fast direkt darüber himmelhoch kühn die Ruine Wartstein. Überraschend weitet sich das Tal bei Unterwilzingen, um gleich danach wieder von Felsen eingeschnürt zu werden. Bei der Laufenmühle wird eine Gefällstufe des Flusses zur Stromerzeugung genutzt. Zur Rast sitzt man gut vor dem ehrwürdigen Gebäude. Wieder auf einer kleinen Landstraße, folgt vor Lauterach ein kurzer Felstunnel. Doch um die Mündung der Lauter in die Donau zu erreichen, stellt auch ein Eingefleischter besser sein Rad am E-Werk ab und geht den schmalen Weg zu Fuß: vielleicht gleich bis zum Kloster Obermarchtal.

Habe ich etwas vergessen? Sicher vieles — und vor allem die Zeit, die dem Lautertal normal gebührt. Zeit, um auch abseits der Hauptwege Abschweifungen zu machen, hängenzubleiben an scheinbar unwichtigen Kleinigkeiten, Zeit für mehr als einen Tages- oder Wochenendausflug. Wem es anfangs ähnlich geht, versuche nicht alles auf einmal. Mehr zu entdecken, dazu haben wir uns aufgemacht, lassen Sie sich mitnehmen in das Große Lautertal.

Bei Wasserstetten

Leben und Arbeit

Landwirt auf der Alb – kein leichtes Brot
Andrea Petri, Friedhelm Messow

Es war nie einfach, auf der Alb Bauer zu sein, dabei ein gutes Auskommen zu haben und diesen Beruf auch noch zu lieben. Am schwersten wirkt das Klima, das die Vegetationszeit gegenüber dem Albvorland oder der Rheinebene um vier bis sechs Wochen verkürzt. Hinzu kommt, daß die meisten Böden flachgründig sind und über Kalkfelsen oder -schutt nicht mehr als magere Wiesen oder gerade noch langsam wachsenden Mischwald nähren.

Das Große Lautertal mit seinen angrenzenden Hochflächen, Kuppen und Hügeln bietet einen Querschnitt durch die Alb par excellence. Es liegt ziemlich genau in der Mitte der beiden »Pole« der Alb: einerseits der Südwestalb mit tausend Meter Höhe, wo Wald und Grünland das Bild beherrschen, andererseits des Härtsfelds östlich von Aalen, wo die Vegetationsbedingungen nicht viel schlechter sind als im angrenzenden, fruchtbaren Nördlinger Ries. Entlang dem oberen Lautertal reichen Sternberg, Schachen und die Höhen um Apfelstetten fast 850 Meter hoch. Zur Donau hin stellen die 600 bis knapp 700 Meter hoch gelegenen weiten Flächen bei Hayingen, Oberwilzingen und Erbstetten klimatisch keine extremen Anforderungen mehr an die meisten Pflanzen. Trotzdem bleiben späte Winter, die einfach nicht enden wollen, und frühe, viel zu frühe Nachtfröste mit Rauhreif im August etwas, womit jeder auf der Alb rechnen muß, der Landwirtschaft betreibt.

»Uf dr Alb sott's zu jedem Veschpr regna...«
(Wunsch der Bauern, damit es auch im Sommer gut Wasser habe).

Die abschnittsweise schmale Aue im Lautertal eignet sich am besten für Wiesen, nachdem schon vor vielen Jahrhunderten der ursprüngliche Auenwald gerodet wurde. Nur ganz vereinzelt finden sich im Talgrund Felder, so bei Buttenhausen, Bichishausen und unterhalb Anhausen. Von 3 bis 4 oder auch 6 bis 7 Hektar Grünland und einem entsprechenden Viehbestand kann natürlich hier keine große Familie leben. Dies sind für die altwürttembergischen Gebiete, wo die Realteilung herrschte, bis heute übliche Betriebsgrößen. Wer Felder mit Getreide, Mais, Raps oder Hackfrüchten anbauen will, muß auf die Hochfläche hinauf. Das erfordert weite Wege, viel Zeit, hohen Treibstoffverbrauch und Verschleiß für die Maschinen.

Ganz klar, daß der Wunsch nach Aussiedlung und Abrundung der zum Hof gehörenden Flächen schon früh aufkam. So ist der Fladhof westlich von Buttenhausen ein Aussiedlerhof von 1859. Danach tat sich nur vereinzelt etwas, und auch die Flurbereinigungen sind nicht alle abgeschlossen, die vor allem in den Realteilungsgebieten als notwendige Voraussetzung für vernünftige Betriebsgrößen angesehen werden. Erst vor wenigen Jahren wurde man mit den Flurbereinigungen für die Bereiche um Gomadingen, Dapfen, Wasserstetten, Buttenhausen und Apfelstetten fertig.

Mit »Flurbereinigung« verbinden viele Menschen einfach nur ausgeräumte Landschaft, riesige, monotone Anbauflächen ohne ein Kräutlein, glatte Betonwege, kein Schatten durch Bäume und Hecken und begradigte, betonierte Bachläufe. Sicher, diese ökologischen und ästhetischen Sünden wurden in der planerischen »Reißbrett-Euphorie« der siebziger und frühen achtziger Jahre massenhaft begangen. Heute ist das zum Glück anders. Kritik und praktikable Gegenvorschläge von Naturschützern, gleich ob privat oder amtlich bestellt, ließ und läßt alle an Flurbereinigungsverfahren Beteiligten mittlerweile feinfühliger zu Werke gehen. Die Flurbereinigungsbehörden beschäftigen selbst Biologen und Ökologen und holen sich weiter von außerhalb guten Rat. Überspitzt formuliert: Um jeden Busch einer Hecke wird diskutiert –, und nicht selten werden Teile von Hecken umgesetzt. Die Wiederansiedlung von standortgerechten Gehölzen ist in Vorbereitung, zum Beispiel an der Lauter unterhalb Buttenhausen. Dieser Wiesenstreifen fällt dann aus der landwirtschaftlichen Nutzung. Bei den vielen Beteiligten dauert jedes Verfahren natürlich länger als früher, und es gibt sicher

mehr Reibungspunkte. Es ist aber zu hoffen, daß auch die härtesten Gegner dieser neuen Form der Flurbereinigung unter den Landwirten einsehen, daß das, was die Planer in Abstimmung mit den Bauern- und Naturschutzverbänden austüfteln, besser, weil vielfältiger sein wird als noch vor zehn, zwölf Jahren.

Widerstände gibt es allerdings öfters von Grundeigentümern, die ihren Boden verpachtet haben. Da sie für die Flurbereinigung einen Beitrag leisten müssen, die Pacht aber ohne Grund nicht erhöhen können, sind die Vorteile nur auf Seiten derer, die das Land selbst bewirtschaften.

Einzelne Landwirte haben den großen Schritt der Aussiedlung bereits vor Jahren gewagt. So betreibt der Besitzer des Lindehofs auf halber Höhe südwestlich über Buttenhausen über 100 Hektar. Wer heute aussiedeln will, muß mit rund einer Million Mark für Betriebsgebäude und Wohnhaus rechnen, eine Menge Kapital. Dazu kommen noch, je nach Entfernung von der nächsten Ortschaft, 200 000 bis 300 000 Mark Erschließungskosten.

Normal sind für Höfe im Lautertal 6 bis 7 Hektar bei Nebenerwerb, im Vollerwerb 20 bis 25 Hektar. Am besten natürlich ohne große Zersplitterung und weite Wege zwischen den Flurstücken. In dieser Hinsicht taten sich die Landwirte aus den traditionell katholischen Gebieten südlich der Linie Eglingen–Bichishausen–Bremelau immer etwas leichter. Sie vererbten nach dem Anerbenrecht den Hof als Ganzes an einen Nachkommen, meist den ältesten Sohn. Die Protestanten in Altwürttemberg hingegen versuchten, gerecht zu sein und verteilten den ohnehin durch frühere Teilungen klein parzellierten Grundbesitz möglichst gleichmäßig auf die oft nicht gerade kleine Kinderschar. Das führte nicht nur zu kleinen Wiesen, die maschinell zu bearbeiten fast nicht lohnt, sondern auch zu unrentablen »Handtüchern« von wenigen Ar guten Ackerbodens. Und dieser Nachteil hängt manchen heute schwer an, die ums Überleben als Landwirt ringen. – Nach der Flurbereinigung werden es nicht mehr als drei, vier Parzellen und deutlich kürzere Wege sein; deshalb setzt sich der Bauernverband dafür auch heftig ein.

Natürlich läßt sich die anfangs aufgestellte Behauptung, auf der Alb wachse vieles nicht so gut wie woanders, auch mit Zahlen untermauern. Im Albvorland um Reutlingen, Metzingen und am Neckar weist der Durchschnitt aller landwirtschaftlichen Betriebe einer Gemeinde Ertragszahlen um 1200 auf. Wo Sonderkulturen wie Wein oder Obst gedeihen – in Metzingen und im Ermstal –, steigen die Zahlen fast auf das Doppelte. Gemessen wird am deutschen Spitzenwert von DM 3726,–/Hektar Ertrag, der vor Jahren in der Magdeburger Börde ermittelt worden ist. In die Wertermittlung aller Flächen eines Hofes fließen auch Faktoren wie weite Wege, ungünstige Hanglage oder kleine Flächen ein. Allein dadurch können sich Abzüge gegenüber Optimalbedingungen von über 50 Prozent ergeben.

Für die Gemeinden des Lautertals liegen die Ertragswerte recht unterschiedlich: Gomadingen weist einen Hektar-Wert von 589 auf, Dapfen/Wasserstetten 637, Buttenhausen 483; und zum Vergleich die auf der Hochfläche

gelegenen katholischen Gemeinden Eglingen 794 sowie Bremelau 808.

Aber es gibt auch Vorteile der wenig tiefen Albböden: Das Wasser versickert schnell, mit Staunässe ist nur in ungünstigen Lagen zu rechnen, und wenn es einmal Sommer ist, erwärmt sich der Boden schnell. Alles wächst rascher als auf tiefgründigem Lehm, gleicht also den Nachteil der kürzeren Vegetationszeit ein wenig aus.

Untrennbar sind für viele Städter die Alb und Wacholderheiden, Schafe, Schäfer — und allerlei romantische Vorstellungen über diesen Beruf, der ganz früher, vor etwa drei- bis vierhundert Jahren, eine Zeitlang sogar als unehrbar galt. Das hat sich längst gewandelt. Ein Zeichen dafür ist die ungebrochene Tradition der Schäferläufe in Urach oder Markgröningen. Doch heute sind wandernde Schäfer bei den ansässigen Landwirten nicht mehr sehr beliebt. Im gesamten Lautertal gibt es nur noch zwei ortsansässige Schäfer, die regelmäßig hier weiden lassen. Die anderen Berufsschäfer sind auf die großen Heideflächen des Münsinger Truppenübungsplatzes ausgewichen und regeln dort untereinander, wer wann wo weidet.

Früher dienten in der Nähe der Dörfer fast alle Flächen mit geringen Böden als Schafweide. Nur weiter weg fand sich Wald, viel weniger als heute, da schlechte Böden oft aufgeforstet werden.

Der Dung der Pferchnächte war begehrt und wurde durch Vermittlung der Gemeinde verkauft. Heute bleibt es einzelnen Landwirten, privaten Naturschützern oder Bediensteten von Forstämtern überlassen, im Auftrag der Gemeinden und mit Unterstützung des Landratsamts die Wacholderheiden von zu starker Verbuschung oder gar Bewaldung freizuhalten. Keine leichte Aufgabe, dazuhin nicht üppig entlohnt, doch es gibt nicht mehr genug Schäfer und Schafe dafür.

Nun ist es keineswegs so, daß die Landwirte der Alb mit ihren ungünstigeren Verdienstmöglichkeiten gänzlich allein dastehen. Die Landesregierung hatte aus Gründen der Gleichbehandlung aller Bürger und aus Sorge um die Entvölkerung der Alb 1971 das Albprogramm in Gang gesetzt. Mit Hilfe dieser regionalen Strukturverbesserung sollte es Bauern ermöglicht werden, am Ort zu bleiben, weiter ihr Land rentabel zu bewirtschaften und gegebenenfalls einen Nebenerwerb zu finden.

Das Große Lautertal erschien schon im Albprogramm als bestehendes Schwerpunktgebiet der Naherholung. Doch geht diese leider selten ohne Auswüchse vonstatten. Wer hier wohnt und sich am Sonntagabend darüber ärgern muß, was gedankenlose Ausflügler alles auf den Wiesen am Fluß zurücklassen, versteht gut, was seit zwanzig Jahren geplant ist: Die Fremden zu lenken, zu »erziehen« und zum Längerbleiben zu animieren; daneben den ansässigen Menschen trotzdem normale, nicht nur auf die Gäste abgestimmte Erwerbsmöglichkeiten zu sichern.

Ob das schon gelungen ist? Zum Teil sicher. Es wurden die Feriendörfer in Gomadingen und Hayingen gebaut, Spiel- und Grillplätze entstanden sowie viele Wirtschaftswege, die natürlich auch Radlern sehr entgegenkommen. Zahlreiche Landwirte bieten Ferien auf dem Bauernhof an, und ihre Zimmer oder Wohnungen sind in der Regel gut gefragt. Vor zwanzig Jahren versprach manches aber

In der Mühle von Buttenhausen

anders zu werden, als es sich heute entwickelt. So überwiegt die Zahl der Tagesausflügler die der länger bleibenden Gäste nach wie vor eindeutig. Und der EG-Agrarmarkt mit selten steigenden, öfter sinkenden Preisen für herkömmlich erzeugte Nahrungsmittel hat sich als Quelle ständigen Ärgers, ja als Bedrohung für die meisten Bauern entpuppt.

Welche Auswege bieten sich an? Zum einen muß ein Vollerwerbslandwirt, der ertrag- und erfolgreich wirtschaften will, recht große und leicht erreichbare Flächen zur Verfügung haben. Ein beträchtlicher Anteil davon sollte Getreide oder Hackfrüchte tragen. Weiterhin erscheint eine gute Mischung aus Grünland und Ackerbau sowie etwas Wald am krisensichersten und flexibelsten. Neben- und Vollerwerbsbetriebe können sich auch auf gut zur Landschaft passende Produkte wie etwa gelbe Rüben, Kartoffeln oder Dinkel spezialisieren und versuchen, diese in besonders hoher Qualität oder eindeutig nach biologisch-dynamischen Grundsätzen zu erzeugen. Gelingt es zudem, einen Teil davon mit amtlichem Segen regelmäßig direkt zu vermarkten und so höhere Preise zu erzielen, dann ist das sehr hoch zu bewerten. Dem sind allerdings enge Grenzen gesetzt. Die Anforderungen an biologische Produkte sind hoch, der Arbeitsaufwand für die einzelnen Landwirte wächst stärker, als die derzeitigen, sowieso schon hohen Absatzpreise für »Bioware« einbringen.

»Gerade hier im Landkreis Reutlingen, wo wir zum Glück noch eine relativ intakte Natur haben, wird deren Schutz oft als überflüssig angesehen... Erfolgte Eingriffe lassen sich kaum oder sehr schwer rückgängig machen. Die Menschen, die den amtlichen oder privaten Naturschutz als ihren Widersacher ansehen, merken nicht, daß dieser auch ihre eigenen Interessen vertritt.« (aus dem Umweltbericht 1988/89 des Kreises)

Insgesamt stellen die etwa 0,5 Prozent streng nach diesen Regeln verfahrenden Betriebe noch keinen wirtschaftlich bedeutenden Faktor dar. Ihre Publizität hingegen übersteigt dieses halbe Prozent gewaltig. Nur wenigen im Lautertal ist Karl Tress vom Steighof nicht bekannt. Er wurde anfangs verlacht, hat sich aber nicht beirren lassen, erzeugt seit vierzig Jahren konsequent Nahrungsmittel in Demeter-Qualität und beherbergt Feriengäste. Arbeiten müssen er, seine Familie und die hier nicht genannten Landwirte, die Ähnliches wollen und tun, mindestens genauso viel wie alle anderen auch, meist sogar mehr. Dafür genießen sie inzwischen bei vielen Berufskollegen die Wertschätzung, die ihnen auch in der fernen Stadt, in weiten Kreisen sicher ist.

Ein Hauptmerkmal der biologisch-dynamischen Bewirtschaftung ist die extensive Nutzung des Bodens. Stillegungs- oder »Extensivierungsprogramm« ist seit einigen Jahren auch das Schlagwort, das die Bauern in ganz Deutschland mit umtreibt. Europaweite Überschußproduktion und Mangel an Biotopen, geschweige denn Biotopvernetzungen drängen die Lösung geradezu auf, mehr und mehr landwirtschaftliche Flächen von intensiver auf extensive Nutzung umzustellen oder gleich ganz der Natur zu überlassen.

Für die Schwäbische Alb und das Große Lautertal bedeutet das Anträge der Landwirte an das Landratsamt — zumindest im Kreis Reutlingen wurde noch nichts dergleichen abgelehnt — und danach Ausgleichszahlungen für den Nutzungsausfall. Am besten scheint es, wenn sich Landwirte gleich noch verpflichten, diese oder eine andere stillgelegte Fläche — einen Feldrain, eine ungedüngte Wiese, eine stehengelassene Hecke oder Streuobstwiese — im Sinne des Naturschutzes maßvoll zu pflegen. An der theoretischen und finanziellen Unterstützung durch das Landratsamt Reutlingen soll es jedenfalls nicht liegen. Wenn der Versuch trotzdem scheitern sollte, im Laufe der nächsten Jahre die guten Absichten und Ansätze zur Biotopvernetzung und zur Ausweitung von bestehenden Natur- und Landschaftsschutzgebieten in die Tat umzusetzen, dann haben einige versagt.

Im Langen Tal bei Bichishausen

Und wenn jetzt noch mehr von uns Nicht-Landwirten und Natur-Nutzern die Sechzigstundenwochen der Bauern würdigten und mit höheren Preisen via Direktvermarktung bezahlten, so ginge es den Bauern nicht nur auf der Alb besser.

Maisenburg: Mit Ziegen volles Risiko

Flirrende Nachmittagshitze, doch ein angenehmer Wind; die letzten hundert Meter um eine Wegbiegung, da sieht und hört man sie schon — die Ziegen auf der Maisenburg. Rund vierzig dieser freundlichen, immer neugierigen, nur leise, nicht unangenehm duftenden Tiere weiden auf der Wiese neben dem Hof. Sie sind die Lebensgrundlage für Anette Bürkle. Vor sieben Jahren pachteten Inge und Bernhard Stockmayer den Hof auf der Vorburg und können über 8 Hektar Land verfügen. Das gesamte Anwesen Maisenburg — in Besitz von Margit Freifrau Speth von Schülzburg-Stier — umfaßt weit mehr Fläche, aber zum Teil Wald und keine besonders ertragreichen Böden.

Jahre der Suche nach einem Leben, das alle an der Betriebsgemeinschaft Beteiligten zufriedenstellen kann, gingen voraus: Bernhard Stockmayer gab 1981 mit 51 seinen Beruf als Rektor einer Schule in Wilhelmsdorf auf. Er arbeitete zwei Jahre in Irland, Südafrika und Botswana, in Behinderteneinrichtungen und auf Demeterhöfen. Wieder hier, suchte er mit seiner Frau einen Hof, der ihrem Anspruch genügt, ökologisch verträglich zu wirtschaften, und der noch jemand Drittem einen vollen Erwerb ermöglichen sollte. Die Maisenburg fand sich rein zufällig, doch inzwischen ist der etwas abgeschiedene Fleck den Dreien ans Herz gewachsen. Anette Bürkle stieß vor drei Jahren dazu. Als gelernte Agrarbiologin und ehemalige Wanderschäferin lernte sie die ganze Härte dieses Berufs kennen. Mit Ziegen und deren Käse kam sie in den Seealpen bei Nizza und Italien in Berührung.

Allerdings geht nichts so einfach, wie es auf zufällige Besucher manchmal den Eindruck macht, wenn der Verkauf ab Hof gut läuft. Alle wissen genau, daß künftig die täglichen fünf bis sechs Kilogramm Ziegenkäse und alle anderen Produkte wie Fleisch von Ziegenlämmern, Wurst sowie Felle vor allem viel regelmäßiger abgesetzt werden müssen. Die überaus schmackhaften, keineswegs streng schmeckenden kleinen Käse werden nach alten französischen bäuerlichen Traditionen hergestellt. Da es sich um Rohmilch handelt, ist peinliche Sauberkeit bei der Verarbeitung oberstes Gebot. Anfänglich stand auch der Wirtschaftskontrolldienst oft in der Käsekammer. Bis die mit so Ungewöhnlichem noch nicht vertraute Behörde sich durch einwandfreie Messungen überzeugen ließ, dauerte es ein paar Monate.

Mehrere Strömungen überkreuzen sich, die der kleinen Betriebsgemeinschaft langfristig ein sicheres, wenn auch sehr bescheidenes Einkommen garantieren könnten: Dank der hier weitab von den Ballungszentren guten und trockenen Luft, der intensiveren Sonnenstrahlung und dem würzigen Geschmack der Kräuter schmeckt der Käse herrlich und ist Spitzenklasse. Die aufwendige Herstellung hat aber ihren berechtigten Preis. Der schreckt trotz manchem Lippenbekenntnis zu ökologisch einwandfrei hergestellten Lebensmitteln dann wieder einige Kunden ab. Alleine vom Verkauf ab Hof und in ein paar Geschäften der Region wird man nicht dauernd leben können. Wären sie näher an Stuttgart, Ulm oder Reutlingen, so könnten sie eher selbst auf Wochenmärkten stehen. Was helfen würde, wären größere Käsehändler oder Naturkostläden als Dauerabnehmer. Die wiederum sind nicht immer bereit, den für einheimische, naturbelassene Ware nötigen Preis zu zahlen. Was bleibt also übrig, als auf künftig mehr Stammkunden zu hoffen?

Von Schneckensammlern, Mondscheinbauern und Gästebetreuern

Allein zwei Hungersnöte, die auch das Lautertal nicht verschonten, erlebten die Menschen im letzten Jahrhundert. Sie zeigten auf dramatische Weise, wie schwierig und risikoreich das Leben von der Landwirtschaft war. Viele Bauernsöhne sahen sich so gezwungen, nach Alternativen Ausschau zu halten. Für die Wagemutigsten unter ihnen erschienen ferne Länder als die Verheißung: Sie packten Seesack und Truhe, um in Amerika oder in Kirkasien einen neuen Hof zu gründen.

Wer dieses Risiko scheute und nicht als Handwerker oder Gastwirt über ein zweites Standbein verfügte, suchte am Ort nach anderen Neben- und Zuerwerbsmöglichkeiten. Die Bewohner des oberen Lautertales hatten es dabei leichter, da sie außer von den königlichen Gestüten in Marbach und Offenhausen ab 1895 auch vom Truppenübungsplatz in Münsingen profitieren konnten. Die dort entstandene Garnisonsverwaltung beschäftigte ständig Wegarbeiter, Wäscherinnen und Näherinnen sowie Holzmacher. Das Proviantamt, das über das Jahr hinweg bis zu 40 000 Soldaten und Offiziere sowie 5500 Pferde zu verpflegen hatte, wurde ein sicherer Abnehmer landwirtschaftlicher Produkte.

Schwieriger war es für die Bewohner des abgeschiedenen unteren Lautertales. Mit Schneckenzucht und Köhlerei versuchten sie ihr kärgliches Auskommen zu verbessern. Zwanzig Kohlenmeiler zählte das Oberamt Münsingen noch zu Beginn unseres Jahrhunderts in Indelhausen, die zusammen etwa 22 Tonnen Holzkohle über die Sommermonate produzierten.

Dieser Ort war auch die Hochburg des Schneckenhandels. Dem Rosmarin und den Quendelpflanzen verdankte die Albschnecke ihren Ruhm als besonders delikates Exemplar ihrer Spezies. Jeder Gourmet weiß: Je feiner die Kräuter, die eine Schnecke verspeist, umso leckerer ihr Fleisch. So entzückte sie die Küchenmeister von Italien, Österreich, der Schweiz und dem Elsaß. Klöster übrigens zählten zu den Hauptabnehmern dieser kuriosen wirtschaftlichen Spezialität, denn man durfte sie auch in der Fastenzeit verspeisen. In sogenannten Schneckengärten wurden die kleinen, klebrigen Tiere solange gefüttert, bis sie sich im Herbst »eindeckelten«, um dann im kühleren Winter verschickt zu werden. Wehe, die Temperaturen stimmten nicht, dann barst so manches Schneckenfäßchen, bevor es seinen eigentlichen Bestimmungsort erreicht hatte. Heute sind es nur noch wenige Liebhaber, die sich alle drei Jahre beim jeweiligen Rathaus die Erlaubnis zum Schneckensammeln holen.

Die Tatsache, daß in Indelhausen beim Abbruch eines alten Hauses noch ein alter Webstuhl zum Vorschein kam, belegt, daß auch hier der Flachs in Heimarbeit verarbeitet wurde. Damit trugen die Lautertalgemeinden zum Ruhm des württembergischen Leinens bei.

Als weitere Erwerbsquellen nennen uns die Chroniken den Hausierhandel, den Verkauf von Wacholderholz sowie die winterliche Waldarbeit, unter anderem bei den Freiherren von Speth-Schülzburg. In Dapfen, Gomadingen und Hayingen sowie Hundersingen gab es Ziegeleien.

Groß waren demnach die Möglichkeiten im Lautertal nicht, außerhalb der Landwirtschaft Geld zu verdienen.

Ganz anders sah es dagegen in den Städten entlang des Albtraufs aus, die sich im letzten Jahrhundert zu geschäftigen Industrieorten gemausert hatten. Sie waren lange Zeit das bevorzugte Abwanderungsziel vieler Bewohner des Lautertales. Um 1870 wurden die Arbeitskräfte in Reutlingen und Pfullingen sogar so knapp, daß man zwischen Honau und Lichtenstein eine Zahnradbahn eröffnete, die Anschluß an die Eisenbahn nach Münsingen hatte, um noch weitere Menschen von der Alb für die Arbeit in den Fabriken zu gewinnen. Damit waren ab 1893 Reutlingen und Münsingen auf dem Schienenweg verbunden. Gomadinger, Offenhausener und Marbacher begannen zu den neuentstandenen Manufakturen in Honau, Pfullingen und Reutlingen zu pendeln. »Mondscheinbauern« nannten sie die Nachbarn, weil sie ihre Felder nur noch bei Mondschein nach der Arbeit bestellen konnten. Sie waren zu Nebenerwerbslandwirten geworden.

»Mei Vaddr hot no Schnegga züchtet, i nemme, ond d'bei ben i au scho achzge. Abr wenn i welle kriaga kaa, no eß i glei zwanzg, dreißg Stuck. Nur fädde Herbschdschnegga. Weil, wissed Se, dia schmegged overgleichlich... Ned so wia die magere Frühjohrsschnegga, wo mr in de Gaschdhaiser kriagd. Abbr, mit dene Herbschdschnegga kennt mr scho a guats Geld macha, zwoi, drei Mark s'Stuck...«

Die Eisenbahn ist verschwunden — geblieben sind die sicheren und gut bezahlten Arbeitsplätze in den Albtraufstädten. Neue sind in Münsingen und Hayingen im verarbeitenden Gewerbe hinzugekommen. Dort arbeiten nach wie vor die meisten Menschen aus dem Lautertal, wie ein Blick in die Pendelstatistik belegt. Und es gibt drei große Arbeitgeber aus dem Sozialbereich: das Samariterstift Grafeneck, das Landheim Haus am Berg in Buttenhausen sowie, ein paar Kilometer vom Lautertal entfernt, das Psychiatrische Landeskrankenhaus Zwiefalten.

Die Landflucht wurde über einhundert Jahre in jeder Oberamts- später Kreisbeschreibung sorgenvoll erwähnt und statistisch dokumentiert. Von wirksamen Gegenmaßnahmen und einer planvollen Entwicklung des Lautertales kann man jedoch erst seit etwa zwanzig Jahren reden.

Das ist vielleicht auch das Glück dieses reizvollen Tales. So blieb sein größtes Kapital, eine abwechslungsreiche Landschaft, weitestgehend erhalten. Genau dieses Kapital, folgt man den verschiedenen Plänen und Programmen, soll verhindern, daß noch mehr Bewohner dem Lautertal den Rücken kehren. Statt Schneckensammeln und Köhlerei soll das Erholungsbedürfnis der Städter die neue wirtschaftliche Grundlage des Lautertales bilden. In Schnellkursen lernen heute die Bäuerinnen, wie sie dem großstadtmüden Gast erholsame »Ferien auf dem Bauernhof« bereiten können. Mit dem Slogan »wo die Alb am schönsten ist« werden vor allem Familien für einen preisgünstigen Urlaub umworben. So entstanden in Gomadingen und Hayingen, die beide als Schwerpunktorte des Fremdenverkehrs ausgewiesen sind, Feriendörfer mit jeweils etwa dreihundert Betten. Die genannten Orte schlossen sich mit Zwiefalten, Lauterach und anderen Gemeinden 1971 zur Fremdenverkehrsgemeinschaft Großes Lautertal—Zwiefalter Aach zusammen, um gemeinsam zu werben und alles zu tun, damit der Gast sich wohlfühlt. Mittlerweile erfreuen etliche Kilometer gut markierte Wanderwege, zahlreiche Grill-, Tennis- und Minigolf- sowie Kinderspielplätze, ein Naturtheater, ein Hallenbad, Reit-, Langlauf- und Radelmöglichkeiten nicht nur Erho-

Auf der Lauterbrücke in Indelhausen-Weiler

lungssuchende und Stammgäste aus der Ferne, sondern auch die Einheimischen. Sogar die alte Eisenbahnstrecke zwischen Gammertingen und Münsingen wurde für sie wiederbelebt. Dort verkehrt an bestimmten Sonn- und Feiertagen im Sommer ein Ausflugszug, am beliebtesten ist eine Dampflok vornedran. Die Übernachtungszahlen stiegen in den letzten Jahren kontinuierlich an. Allein 1990 verzeichnete Gomadingen, das in demselben Jahr auch als einer der zehn familienfreundlichsten Ferienorte in Baden-Württemberg ausgezeichnet wurde, knapp 80000 Übernachtungen und liegt damit nach Bad Urach an zweiter Stelle im Kreis Reutlingen.

Wer weder in einem Feriendorf noch auf dem Bauernhof Erholung suchen möchte, wird mit dem Motto »Kurzurlaub zum Freundschaftspreis« von zahlreichen Gasthöfen umworben. Hier wird eine Tradition belebt. Im Verlauf der letzten hundert Jahre merkte so mancher Gastwirt, daß sich mit der Schönheit des Lautertales Geld verdienen ließ. Er baute seine »Baureboiz« Schritt für Schritt in einen Gasthof um. Der Schweizerhof in Buttenhausen gilt als erste Gaststätte des Albvereins auf der Münsinger Alb. Der Schwäbische Albverein darf wohl zu Recht als Pionier des Fremdenverkehrs gelten.

Aus der Oberamtsbeschreibung von 1912 erfahren wir, daß auch in Bichishausen zur damaligen Zeit bereits Luftkurgäste logierten. Das gleiche gilt für den Gasthof Hirsch in Indelhausen, dessen Geschichte wohl nicht untypisch für das Lautertal sein dürfte: Zunächst waren es sehr einfache Zimmer, die anspruchslose Gäste beherbergten, nach dem Zweiten Weltkrieg waren diese Zimmer die ersten am Ort, die eine Zentralheizung und fließend Kalt- und Warmwasser erhielten, 1957 kamen weitere Zimmer hinzu, und der Fels hinter dem Gebäude wurde mit dem Preßlufthammer gezwungen, einem Küchenausbau zu weichen. 1962 wurde das Schulhaus hinzugekauft, um noch mehr Gäste unterzubringen. Inzwischen haben alle Zimmer Dusche und WC, halten ganze Omnibusgesellschaften hier Einzug und Firmen ihre Seminare und Tagungen ab.

Einer jüngsten Untersuchung zufolge schätzt man, daß fünf- bis sechshundert Menschen in Hayingen, Gomadingen und Münsingen direkt oder indirekt, ganz oder teilweise von der Betreuung der Gäste leben. Circa 47 Millionen Mark haben die Besucher 1989 dort ausgegeben, fast drei Viertel dieser Summe stammt allein von Tagesgästen.

So begrüßenswert die neugeschaffenen Verdienstmöglichkeiten in den Orten des Lautertales sind, der regelmäßige Rummel an sonnigen Wochenenden zeigt auch die Nachteile dieser Entwicklung: Zugeparkte Wiesen, schleichende Sonntagsfahrer, die Autokolonnen nach sich ziehen, überfüllte Lokale... »Interessenkonflikt zwischen Nah- und Ferienerholung« nennen es die Planer diskreter. Sie geben der Ferienerholung den Vorrang und möchten die Wochenendurlauber am liebsten auf die Gestütshöfe in Marbach und Offenhausen, den Sternberg bei Gomadingen und das Naturtheater sowie den Segelflugplatz in Hayingen hin lenken. Doch das ist leichter gesagt als getan. Wenn alle einmal paddeln wollen und die Felsen die Herzen zuvieler Freikletterer höher schlagen lassen, kommt die Natur in Bedrängnis. Helfen Absprachen am runden Tisch nicht weiter, müssen Verbote der Vernunft auf die Sprünge helfen. Um die Wasservögel zu schützen, ist die

Lauter zwischen Buttenhausen und Anhausen in der Zeit zwischen 15. März und 30. Juni sowie an Wochenenden vom 1. Juli bis 30. September für Kanuten und solche, die es werden wollen, gesperrt. Die Kletterer werden sich wohl früher oder später auch nur noch auf bestimmte Felsen vorwagen dürfen, sollen nicht noch weitere Vogelarten und Fledermäuse gestört werden.

Die Natur darf nicht noch mehr in Bedrängnis geraten, wenn das Lautertal das bleiben soll, was es ist, nämlich das schönste Tal auf der Schwäbischen Alb.

Keramikatelier Buttenhausen — wer steckt dahinter?

Wer von Münsingen nach Buttenhausen kommt, kann das gelbbraune Haus gleich am Ortsanfang gar nicht übersehen. Schaut man genauer hin, dann fallen die spiegelbildliche Bauweise und zwei Eingänge gleich auf. Fragt man nach, dann weiß fast jeder, daß hier in einem Teil ein jüdischer Lehrer die Grundschulkinder jüdisch unterrichtete und jenseits der Wand ein christlicher Lehrer die andere Hälfte des Buttenhauser Nachwuchses.

Wolfgang Stockburger hat sich in der alten Schule 1980 eingemietet. Seit Anfang 1990 ist er privat quasi um die Talecke gezogen und richtete sich das ehemalige Wärterhaus am Pumpwerk Hölzlesbrunnen ein. Hier in Richtung Wasserstetten ist die Nähe zur Natur noch mehr gegeben: Die Lauter direkt auf der anderen Seite der Straße, dann gleich die Riedwiesen beiderseits des Flusses talaufwärts, und hinterm Haus steigt die steile Eichhalde empor.

In Stuttgart zur Schule gegangen, durch die Verwandtschaft aber immer mit der Alb verbunden, weiß er gut, was er am Lautertal hat. Seinen Zivildienst leistete er im Landheim Buttenhausen von der Haus am Berg GmbH, Bad Urach. Der Berufswunsch Kunst, Kunsthandwerk stand schon vorher fest. Nur war ihm nicht klar, ob akademisch oder praktisch dorthin besser zu gelangen sei. Wolfgang Stockburger entschied sich für eine dreijährige Töpferlehre in Reutlingen, hängte zwei Jahre Freie Kunstschule in Nürtingen an und sammelte auch Erfahrungen im Ausland. Sonst aber ist er bis auf gelegentliche Reisen seit über fünfzehn Jahren ständig in Buttenhausen zu finden. Glaubt da noch jemand, er sei bloß ein Aussteiger, ein »Freak«?

Zum Glück kennt er keine Berührungsängste, »kann es« mit den Leuten am Ort. Seit 1988 sitzt er im Ortschaftsrat. Doch ein älterer Maßstab für die Verankerung des »Zugereisten« ist das jährliche Atelierfest im Sommer, seit 1981. Es finden sich immer etwa zwanzig Helfer, die auch nötig sind, um die rund tausend Gäste zu bewirten.

Spezialität seines Ateliers sind Sutterkrüge: vollständig selbst hergestellte große Steinzeugflaschen, hochgebrannt und haltbar. So ein Prachtstück hat natürlich seinen Preis, doch was gibt es Schöneres, will man zehn, zwanzig Leute bei einem Fest mit gleichmäßig kühlem Most, Wein oder Bier versorgen? Daneben ist im Atelier eine reiche Auswahl an anspruchsvoller Gebrauchskeramik zu sehen, wenn nicht gerade das meiste auf einem Töpfermarkt präsentiert wird.

Wolfgang Stockburger blickt klar »über den Tellerrand« hinaus. Vor Jahren mit mächtig Power, mit dem Elan der antiautoritären Bewegung, hat er sich schon als Lehrling innerhalb der Berufsorganisation eingesetzt. Es klingt zwar ein wenig resigniert, wenn er heute gesteht, man habe viel mehr erreichen wollen. Aber immerhin sitzt er als Meister heute im Gesellenprüfungsausschuß. Und speziell für sein eigenes Atelier hat sich ein zweites Standbein ergeben: Zusammen mit einem befreundeten Bildhauer werden Kachelöfen konzipiert. Viele reizvolle Entwürfe sind zu sehen. Von der Technik her empfehlenswert ist immer ein Grundofen, der Holz mit voller Leistung schadstoffarm verbrennt, seinen Mantel und Züge langsam, aber langandauernd erwärmt, woraus dann stundenlang für das ganze Haus angenehme Raumtemperatur zu holen ist. Im Haus am Pumpwerk steht ein Ofen nach dieser Bauart, die vieles von der alten römischen Hypokaustentechnik übernimmt.

»Zurück zu den Wurzeln« war Stockburgers Beweggrund für den Ofenbau nicht. Eher reizte der Versuch, das gesamte kunsthandwerkliche Können einzusetzen —, vor allem weil sich dabei wirtschaftlich doch mehr Anerkennung ergibt als für »einfache Töpferware« sonst üblich. Es ist zu wünschen, daß das gelingt. Solange gilt für Wolfgang Stockburger, was auf seinem bald zwanzig Jahre alten Wüstenfahrzeug klebt: »Älbler — zwecks em Überblick.«

Ein Gang durch die Geschichte

Burg an Burg und einiges zuvor
Andrea Petri, Friedhelm Messow, Dieter Graf

Selten wohl dürfte auf so kleinem Raum Geschichte reizvoller zu erwandern sein als im Großen Lautertal, über den »Burgenweg« erschlossen. Die auffällige Häufung von fast zwanzig Burgruinen und zwei Schlössern könnte man nun einfach als zufällig gegeben hinnehmen. Oder man läßt es bei gelegentlichen Besuchen von zwei, drei der spektakulärsten Gemäuer bewenden: Bichishausen, Hohengundelfingen oder Wartstein — vielleicht aber auch Hohenhundersingen, Niedergundelfingen oder die Schülzburg? Und schon fällt die Entscheidung schwer, diese ist »die kühnste«, jene »die schönste Ruine«. Es lohnt sich allemal, die unterschiedlichen Burgen einzeln und näher zu betrachten, auch die kleineren, verfalleneren. Indes soll hier nicht rein geographisch von Nord nach Süd vorgegangen werden. Vielmehr wollen wir versuchen, einen roten Faden durch fast dreitausend Jahre zu ziehen. Immerhin finden sich im Lautertal und in seiner näheren Umgebung für fast jede Epoche mehr oder weniger deutliche Spuren. Mittelalterliche Burgen, die Hauptanziehungspunkte des Tals, waren aber nur wenige Jahrhunderte innerhalb dieser drei Jahrtausende zweckmäßig. Daß sie zum Teil gut erhalten sind oder im Bestand gesichert wurden, verdanken wir auch dem Sinn für Romantik. Ein zum Teil restaurierter römischer Gutshof wie zum Beispiel bei Nördlingen wirkt dagegen wesentlich nüchterner.

Althayingen wird die Anlage häufig genannt, die sich auf den Burghalden, einem vieleckigen Bergplateau südlich von Indelhausen findet. Von Westen her dreifach durch Wälle und Gräben geschützt, ist wohl einiges verebnet und überwachsen, doch auf eine bedeutende Befestigung läßt sich leicht schließen. Wann genau Menschen sich veranlaßt sahen, auf den nach drei Seiten steil, örtlich sogar felsig abfallenden Berg sich zurückzuziehen und notfalls zu verschanzen, bleibt unklar. Die Fachwelt hat sich aber auf eine erste Anlage in der Hallstattzeit geeinigt, ab etwa 750 v. Chr. Die Kelten beherrschten ab dieser Zeit Süddeutschland und bauten weitreichende Handelsbeziehungen bis in den Mittelmeerraum auf. Gleichzeitig begann eine kleine, wohlhabende Oberschicht, sich vom Rest der Bevölkerung abzusetzen. Die Einrichtung befestigter Siedlungen für sie und ihre Untergebenen — vor allem für Handwerker — gehörte dazu. Nicht weit vom Lautertal, an der Heuneburg bei Hundersingen an der Donau, ergaben Ausgrabungen in den letzten Jahrzehnten immer neue, teils überraschende Funde. »Athen nördlich der Alpen« klingt zwar leicht übertrieben, läßt sich aber mit Funden gut erhaltener Ware und daraus gefolgerter politisch-wirtschaftlicher Bedeutung begründen. In die Reihe von befestigten Höhenplätzen im Umkreis der Heuneburg gehört auch Althayingen, nur war die Ausstrahlung auf die Umgebung wohl längst nicht vergleichbar.

Das römische Weltreich verdrängte die Kelten und sog sie auf. Gegen die Germanen zogen die Römer ihre Grenze Ende des 1. Jahrhunderts n. Chr. längs über die mittlere Alb. Knapp nördlich von Gomadingen fand sich erst 1977 ein längst vermutetes Römerkastell, einfach aus Holz errichtet mit umgebendem Graben. Am Platz der nahen Zivilsiedlung wurden umfangreiche Funde geborgen. Der »Alblimes« war nur von kurzer Dauer und nie so befestigt wie der spätere, weiter nördlich gelegene obergermanisch-rätische Limes vom Main bis zur Donau.

Aber Römerstraßen zeichneten Trassen vor, die bis heute fast unverändert benutzt werden: Engstingen—Gomadingen—Münsingen oder Aichelau—Indelhausen—Granheim folgen dem Lautertal und queren es. Einen römischen Gutshof wies man bei Lauterach nach, gleichsam einen frühen Aussiedlerhof. Ob auch Althayingen genutzt wurde, entzieht sich unserer Kenntnis.

259/260 fiel dann der obergermanisch-rätische Limes unter dem wiederholten Ansturm aus Norden. Die alemannisch-suebischen Stämme drangen innerhalb von hundert Jahren bis an den Rhein vor. Ihr neugewonnenes Gebiet

Niedergundelfingen

suchten sie schnell zu sichern und gründeten eine Vielzahl von Orten. In erster Linie auf gutes Ackerland angewiesen, sparten sie die Hochflächen der Alb weitgehend aus. Ebensowenig nutzten sie in größerem Maße die vorgefundenen römischen Steinbauten, sondern hielten an der Holzbauweise fest. Aufgrund von Reihengräbern in Gomadingen und Dapfen können wir dennoch mindestens auf vereinzelte alemannische Siedlungen im Lautertal schließen. Wohl gehen auch in der Regel Ortsnamen mit der Endung -ingen auf das 5. bis 6. Jahrhundert zurück. Hayingen gehört dazu, nur lag der Ort auf den eingangs beschriebenen Burghalden und wird erst gegen Ende des 8. Jahrhunderts urkundlich erwähnt. Wann Althayingen und die anderen Orte wie Gomadingen, Hundersingen, Gundelfingen oder Eglingen tatsächlich gegründet worden sind, weiß man nicht.

Althayingen verfiel, und die Geschichte der heutigen Stadt Hayingen zwei Kilometer weiter südwestlich fand erst im 13. Jahrhundert ihre Fortsetzung: Die adlige Familie der Gundelfinger hatte mittlerweile regional Macht und Einfluß erlangt, genug, um eine Stadt zu gründen. Wie sich das alles entwickelt hat, lohnt einen Rückblick.

Um 750 hatten die Franken bereits gut zweihundert Jahre in Süddeutschland die Herrschaft inne. Selbst mit einem Herzog an der Spitze organisiert, hatten sie in Alemannien stets Herzöge eingesetzt, die aus dem örtlichen Adel stammten. Im 8. Jahrhundert erlangten die Karolinger die Macht im Frankenreich, über ein Gebiet, das große Teile des heutigen Süddeutschlands und Ostfrankreichs umfaßte. Sie suchten ihren Einfluß zu vergrößern und koppelten dies an die christliche Missionierung, ausgehend von zahlreichen eben erst gegründeten Klöstern. In Schwaben wurde 746 der alemannisch-schwäbische Adel mittels eines Tricks ausgeschaltet. In Cannstatt fiel die gesamte Führungsschicht des bis dahin in sich geschlossenen alemannischen Herzogtums einem Blutbad zum Opfer. Erst 917 entstand in Alemannien – künftig Schwaben genannt – wieder ein Herzogtum.

In der langen Zeit dazwischen, spätestens mit der Wahl zum Kaiser im Jahre 800, konnten Karl der Große und seine Nachfolger so viel Macht in ihren Händen vereinen wie kaum mehr ein Kaiser oder König im ersten deutschen Reich. Alle Nachfolger, ob Sachsen, Salier, Staufer oder Habsburger, hatten sich mehr oder weniger ständig zu behaupten: gegen Landesherren und Fürstbischöfe, immer wieder gegen machtbewußte Päpste und manchmal auch gegen einen eilends gewählten Gegenkönig. Dies gelang manchen Kaisern gut, die meisten jedoch gingen vielerlei Kompromisse ein und traten erhebliche Befugnisse an die Landesherren und Reichsritter, später auch Reichsstädte ab. Die Fürsten wiederum, so sie wahlberechtigte Kurfürsten waren, konnten die Kandidaten auf den Kaiserthron leicht in ihre Hand bekommen. Und nach seiner Wahl war der Kaiser, Oberhaupt des Heiligen Römischen Reiches deutscher Nation, nur selten weniger abhängig. Waren auch die Landesherren schwach, dann drängten sofort Adlige aus der Region in das Vakuum. Sie suchten ihr Gebiet zu vergrößern, ihren Einfluß zu mehren, ihre Einnahmen zu steigern. Über Jahrhunderte änderte sich dies nicht, die gegenseitigen Abhängigkeiten innerhalb des Adels wuchsen mit jeder Fehde, jedem Feldzug. Die Lasten für die Bevölkerung, insbesondere für die Bauern, wurden groß und größer.

Burgen werden gebaut.

Die erfolgreiche Abwehr der ungarischen Reiternomaden durch den Sachsenkönig Heinrich I. im Jahr 933 gilt als ein entscheidender Anstoß zum Bau von Befestigungen überall entlang der Grenzen. In den folgenden Jahrzehnten kam man auf den Geschmack. Hatten die örtlichen Grundherren bisher mitten unter den Bauern im Dorf gewohnt, so ließ sich, wer es konnte und durfte, jetzt Burgen bauen: abseits, auf möglichst ausgesetztem Platz, der gut zu verteidigen war und worauf eine Burg vielleicht auch noch wirkungsvoll aussah. Allein in Deutschland entstanden während des Mittelalters laut Curt Tillmanns »Lexikon der deutschen Burgen und Schlösser« über 19 000 Wehrbauten. Im Großen Lautertal sind seit dem Ende des 11.

Burgenkarte Großes Lautertal

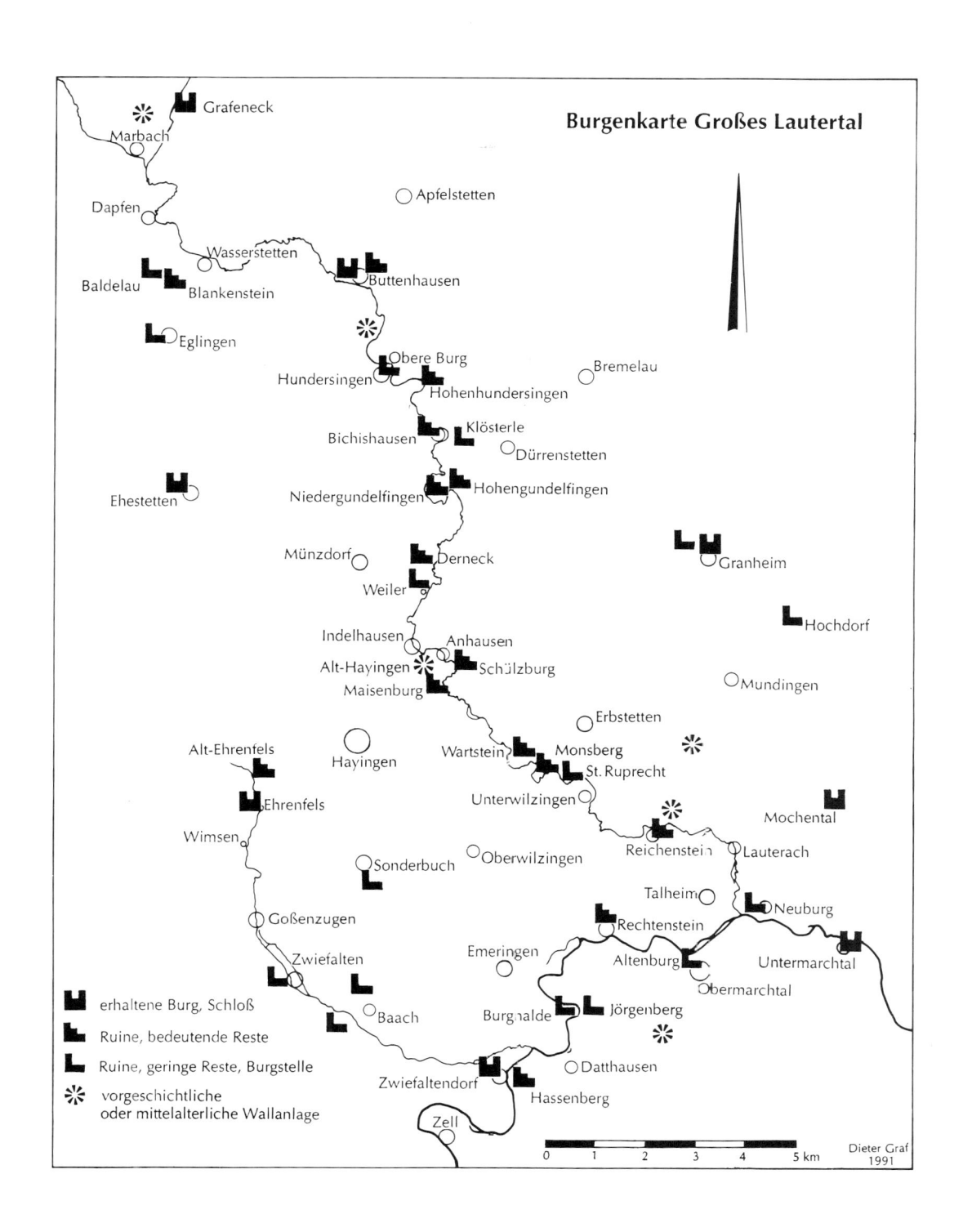

erhaltene Burg, Schloß
Ruine, bedeutende Reste
Ruine, geringe Reste, Burgstelle
vorgeschichtliche oder mittelalterliche Wallanlage

Dieter Graf 1991

Jahrhunderts über 20 Burgen und Schlösser gebaut worden. Von der Minderheit – Neuburg oberhalb der Lautermündung in die Donau, Sankt Ruprecht, Monsberg, Weiler und Baldelau – sind nur geringe Reste vorhanden. Die meisten Burgruinen indes sind uns als im Bestand zum Teil sehr gut gesicherte Bauwerke erhalten. Und die zwei Schlösser werden gut genutzt: Grafeneck wurde über einer älteren Burg errichtet. Nur das Buttenhauser Schloß von 1816, zwar an der Stelle einer früheren Wasserburg, hat mit den mittelalterlichen Burgen baugeschichtlich nichts mehr gemein.

Die urkundlich festgehaltene Begründung für die Besitzübergabe 1320 Blankenstein an Württemberg lautet: »...für den Schaden, den sie von minen wegen gehebt hant.« Die Blankensteiner zogen sich danach auf ihre Besitzungen im Neckartal zurück. 1471 starb das letzte Mitglied der Familie in Mühlhausen am Neckar.

Wie ist nun die auffällige Häufung von Burgen gerade im Lautertal zu erklären? Es finden sich in weitem Umkreis tatsächlich nur hier die für das 12. und 13. Jahrhundert idealen Burgbauplätze: steil abfallende, leicht zu befestigende Felsköpfe. Jeder der angrenzenden Grundherren suchte sich möglichst bald einen solchen zu sichern. So erfreuen wir uns noch heute an den trutzigen Gemäuern, die fast alle kühn in – wie der Fachausdruck lautet – Spornlage stehen. Eine einzige gut erhaltene Ruine, Niedergundelfingen, sitzt einem kegelförmigen Umlaufberg auf.

Natürlich sind nicht alle Burgen gleichzeitig entstanden und haben auch nicht gleich lange existiert. Einerseits dürften sich einige Burgherren finanziell übernommen haben, auch weil sie sich schon zu Lebzeiten das Seelenheil sichern wollten. Sie stifteten großzügig an Klöster und schenkten sogar Höfe und Land. So kam es nicht selten vor, daß ursprünglich recht begüterte Burgherren wenige Jahre oder Jahrzehnte nach dem Bezug ihres Domizils dieses wieder aufgeben mußten. Standen sie bei einem mächtigeren, finanzkräftigeren Adelsgeschlecht der nahen Umgebung in der Schuld, so ließ sich die Angelegenheit vielleicht noch glimpflich regeln. Waren sie oder gar die mächtigeren Nachbarn selbst einmal in erhebliche Schwierigkeiten gekommen, so bot sich oft nur als einziger Ausweg, die Landesherren um Hilfe anzugehen. In der Praxis bedeutete das zum Beispiel 1320 für die Edelfreien von Blankenstein, daß sie den Grafen von Württemberg mit Sitz in Urach ihren gesamten Besitz auf der Alb – Burg Blankenstein und drei Dörfer – abtreten mußten. Oder in anderen Fällen erzwangen sich die Grafen von Württemberg den Zugang zu einer Burg und damit den mehr oder minder schnellen Zugriff auf den Besitz, wie es beispielsweise bei Hohenhundersingen im Jahre 1352 der Fall war.

Andere Geschlechter, wie die im Lautertal lange Zeit vorherrschenden Gundelfinger, betrieben mindestens eine Zeitlang erfolgreichere Politik. Doch allgemein konnte sich im 14. Jahrhundert der niedere Adel kaum gegen Niedergang und Verarmung wehren. Dies führte zu einer ersten Aufgabe einer Großzahl, ja bis zu einem Drittel aller Burgen. Weitere Anlagen wurden durch kriegerische Ereignisse zerstört (Wartstein und Monsberg 1495, Reichenstein 1525). Einige Burgen wurden erst im 16. Jahrhundert dem Verfall überlassen, andere noch bis ins 18. Jahrhundert bewohnt (Niedergundelfingen, Buttenhausen) oder gar erst im 19. Jahrhundert wegen Baufälligkeit abgebrochen (Rechtenstein, Maisenburg).

Es liegt nahe, daß sich bis heute Burgenforscher ausführlich mit der Baugeschichte der Lautertalburgen befassen. Archive erleichtern es allerdings nur in den seltensten Fällen, die Anfänge zu ergründen und zeitliche Beziehungen festzulegen. Man benötigte also andere Kriterien. Als ein Beispiel mag der Vergleich dienen, den Wilfried Pfefferkorn 1977 veröffentlichte. Er nahm sich die exemplarisch schön ausgeprägten Buckelquader bei den vier nicht weit auseinanderliegenden Burgen Hohenhundersingen, Hohengundelfingen, Blankenstein und Bichishausen vor. Jene tonnenschweren Steine sind in allen vier im Bergfried oder dessen Rest verbaut zu sehen. Auf der Außenseite weisen sie von Burg zu Burg erhebliche Unterschiede auf, die früheren Quader rauher und gröber

Vom Bürzel über Gundelfingen und beide Burgen

Hohengundelfingen

Derneck

bearbeitet, die späteren eher gefällig geglättet, gleichwohl »kissenförmig« gewölbt. In jedem Fall aber verleiht diese Skulptur des Äußeren den einst weit höheren Türmen ein überaus wehrhaftes Aussehen.

»Der Ort Hundersingen hatte vor Alters sehr angesehene Edelleute, welche zu dem höhern Adel gehörten und häufig Grafen genannt werden.« (Memminger: Oberamtsbeschreibung Münsingen, 1825)

Buckelquader wurden wenn möglich an Ort und Stelle aus dem späteren Burggraben gebrochen oder aus einem sehr nahen Steinbruch angeliefert. Sie ließen sich am leichtesten aus bestimmtem Kalkstein und Sandstein herausarbeiten, daher ist ihre Verbreitung auf die süddeutschen und angrenzenden Gebiete beschränkt, wo entsprechende Jura-, Keuper-, Muschelkalk- oder auch Buntsandsteinschichten zu Tage treten. Aufzugsseile oder Ketten waren an einem sogenannten Wolf und einem passenden Loch auf der Oberseite des Quaders befestigt. So konnte man die gewaltigen Brocken mit Hilfe von Flaschenzügen und Treträdern an ihren Platz hieven. Später halfen große Steinzangen bei dieser Präzisionsarbeit, die wie der Bau der Burgen insgesamt in der Regel von gut bezahlten Bauhandwerkern ausgeführt wurde.

Im Mauerverband nicht sichtbare Wolfslöcher oder Zangenlöcher auf der Sichtfläche der Quader sowie die Ausführung der Buckel und auch der Vergleich der Grundrisse erlauben eine recht genaue zeitliche Zuordnung der vier erwähnten Türme oder Bergfriede: Zuerst wurde Anfang des 13. Jahrhunderts der von Hohenhundersingen errichtet. Er ist in seinem kleinen Grundriß ein laut Günter Schmitt »skurril« unregelmäßiges Viereck (Seitenlängen 4,10 bis 5,95 m) und – so Pfefferkorn – »geprägt von einer geradezu sorglosen Verwendung aller möglichen Steinformate und Schichthöhen«. Dann folgt Hohengundelfingen mit Seitenlängen von 8 Metern und etwas mehr, nahezu perfekt und regelmäßig gebaut, mit oftmals an den Ecken auffallend großen Quadern.

Wohl als vorletzter in dieser Reihe entstand der Turm von Blankenstein. Wann genau, das wissen wir nicht, in Frage kommt die Zeit etwas vor und um 1250. An diesem heute recht bescheiden wirkenden Bauwerk mitten im Wald nahe Wasserstetten fallen viele senkrecht stehende Quader auf. Insgesamt ist es etwas weniger perfekt gefügt als der Bergfried von Hohengundelfingen. 1977 wurden die Reste des fast quadratischen, etwa 7 mal 7 Meter messenden, einst sicherlich bewohnbaren Turmes instandgesetzt und durch modernes Kalksteinmauerwerk ergänzt.

Burg Bichishausen besitzt nur noch einen Turmrest von 3 bis 4 Schichten mit Seitenlängen um 5,30 Meter. Das überaus sorgfältig gearbeitete Mauerwerk benötigte sehr wenig Mörtel. Bei voller Höhe von vielleicht 13, 14 Metern war der Eindruck sicher fast grotesk. Wir können uns dies jedoch nur denken. Hat doch Heinrich von Gundelfingen, dessen Familie sich ab 1250 nach Bichishausen benannte, »den Turm..., von Habsburg zu Lehen, ... zerstört, im Frieden, ohne die Vögte der Herrschaft Österreich zu fragen, um seine eigene Burg fester zu machen.« Zwischen 1296, dem Beginn des Lehens, und 1314, dem Todesjahr Heinrichs, geschah die Abtragung des Turmes gleichsam als Steinbruch in nächster Nähe.

Dies ist nur ein Beispiel von vielen, welcher Akribie man sich in der Burgenforschung bedient. Über die reine Baugeschichte hinaus muß die Geschichte einzelner Adelsfamilien auf den ersten Blick als kaum durchschaubar erscheinen. Was gibt es nicht alles an Verwicklungen, Aufsplitterungen in einzelne Linien, die dann wieder aussterben, an Verpfändungen, Zuweisungen von Lehen, sicher auch erzwungenen Öffnungsrechten, an Besitzabtretungen und Rückkäufen, die vielleicht nicht einmal alle dokumentiert sind. Aber das macht die Materie spannend. Nur ist hier nicht der Platz, auf alle einzeln einzugehen. Um einen Eindruck davon zu vermitteln, legen wir in groben Zügen dar, wie es dem Geschlecht der Gundelfinger ergangen ist.

Die Häuser von Gundelfingen verteilen sich heute fast wie eine gebundene Schleife, die in die große Flußschleife der Lauter gelegt wurde. Der »Schuhbändel« legt sich dabei

Hohenhundersingen

um den fast abgeschnürten Kegelberg, auf dem Burg Niedergundelfingen sitzt. Über allem thront auf schmalen Kalkfelsrippen Hohengundelfingen, die umfangreichste Ruine des Lautertals. Das Zusammenspiel von Landschaft, Kulturgeschichte und nicht wenig Burgenromantik scheint perfekt.

Vom Mittelalter bis weit ins 16. Jahrhundert erwarben die Gundelfinger viel Grundbesitz, bauten einige Burgen und die Stadt Hayingen, gewannen Einfluß und Macht im mittleren Lautertal. Ausgehend von ihrem Stammvater Swigger I., geboren um 1050, vergrößerte sich die Familie rasch. Reichte anfangs für alle der Vorgängerbau zur heutigen spätromanischen Ruine Niedergundelfingen als Sitz noch aus, so bildeten sich Ende 12./Anfang 13. Jahrhundert unter den sieben Söhnen des Swigger IV. mehrere Linien. Jede strebte wohl an, eine eigene Burg zu erwerben oder zu bauen, doch dürfte das von vornherein unmöglich gewesen sein. Wir bewundern heute die Ruinen, für die Gundelfinger indes bedeutete diese Erbteilung den Keim für ihren baldigen Abstieg. Swigger VIII. erhielt um 1250 Hohengundelfingen, und etwa 20 Jahre davor hatte bereits wohl Swigger VI. den Grundstein für Burg Bichishausen gelegt. 1293 wird Hohengundelfingen zum letzten Mal urkundlich als Gundelfinger Besitz erwähnt. Danach erfolgte der Verkauf an die Habsburger, die das Anwesen immer wieder verpfändeten, einige Jahrzehnte später erneut an einen Gundelfinger.

Auch Burg Derneck wenige Kilometer weiter talabwärts geht auf einen Gundelfinger zurück: Wahrscheinlich war es Degenhart, Sohn von Konrad VIII. von Gundelfingen, geboren um 1281, gestorben um 1351, der die zu Anfang des 14. Jahrhunderts errichtete Schildmauerburg zu seinem Wohnsitz erkor. Sie gilt als die jüngste im Lautertal. Nach oftmals wechselnden Besitzverhältnissen — darunter zweimal, 1627 und 1768, an das Haus Fürstenberg — wird dieses Vermächtnis aus dem ausgehenden Mittelalter nun angemessen genutzt. Mitglieder des Schwäbischen Albvereins erneuerten Derneck 1967/68 durch den Ausbau eines Wanderheims im ehemaligen Forsthaus. Gibt es einen stimmungsvolleren Platz für ein, zwei Nächte im Lautertal als hier?

Viele Einzelheiten über jede dieser und alle anderen, nur kurz erwähnten Burgen gäbe es noch zu berichten. Die herrliche Landschaft und ihr steter Wechsel regen ja direkt an. So ist wohl auch jeder Burgenforscher über ein anfänglich oberflächliches Interesse zu seiner Beschäftigung mit der steinern verewigten Vergangenheit gekommen. Bis heute sind nicht alle Rätsel der einzelnen Burgruinen gelöst. Objektiv scheinende Befunde lassen öfter durchaus unterschiedliche Auslegungen zu, was den Reiz dieses Fachgebiets noch erhöht.

Eine erste burgenkundliche Würdigung fanden die Burgen des Lautertals durch den bedeutenden Burgenforscher Otto Piper in einem Aufsatz in den »Blättern des Schwäbischen Albvereins« im Jahre 1899. In der gleichen Zeitschrift finden sich in den späteren Jahren auch eine Vielzahl von aufschlußreichen Untersuchungen des Kunstmalers und Burgenforschers Konrad Albert Koch, der sich zudem immer um eine Rekonstruktion des ursprünglichen Baubestandes bemüht hat. Wilfried Pfefferkorns Arbeit wurde ja ausführlich zitiert, wenigstens erwähnen wollen wir noch Stefan Uhl und Christoph Bizer. Wer weiß, vielleicht lassen Sie sich dazu verleiten, aus den genannten oder anderen Quellen mehr Details zu erfahren. Wer erst liest und dann erkundet, weiß gleich mehr. Wer aber zuerst schaut und die starken Eindrücke aufsaugt, tut den prächtigen Burgruinen genauso einen Gefallen.

Burg Bichishausen

Aus der Geschichte der Schülzburg

In zwei wesentlichen Punkten weicht die Schülzburg von allen anderen Lautertalburgen ab: Sie diente bis zu dem verheerenden Brand am 14. Februar 1884 als Wohnsitz und sie ist seit 1452 ununterbrochen in der Hand einer Familie, des alten Rittergeschlechts von Speth-Schülzburg. Wissend, wie wechselvoll so lange Zeit verlaufen kann, fragen wir uns: Wie stellten es die von Speth an, daß sie ihre einst »Schiltezburc«, später dann »Schiltzburg« oder »Schildburg«, immer halten konnten? Der Name der Burg und das Familienwappen mit drei Schlüsseln geben Hinweise: Schild oder Wappen durften nur Ritter führen, die sich in Kriegen besonders ausgezeichnet hatten. Graf Eberhard I. von Württemberg hat Anfang des 14. Jahrhunderts jahrelang gegen das Reich gekämpft. Die letzten drei Schlüssel zur Grafschaft Württemberg, die Ortschaften Urach mit Hohenurach, Wittlingen mit Hohenwittlingen und Seeburg, konnten von Spethschen Befehlshabern unter hohem Blutzoll erfolgreich verteidigt werden. Nach dem Friedensschluß 1316 erhielt die Familie zu ihrem bisherigen Besitz noch einmal Orte und Land zwischen Erms und Donau.

Urahn des im Mittelalter in Bayern und Württemberg sehr verbreiteten Geschlechts ist Rupert von Speth. Er wird bereits 968 erwähnt. In den nachfolgenden Jahrhunderten bekleideten die Freiherren von Speth immer hohe geistliche, weltliche und militärische Ämter. Eine wichtige Rolle für das Lautertal spielte Albrecht Speth von Ehestetten und Steingebronn, der 1452 als Landhofmeister unter Graf Eberhard im Bart an den württembergischen Hof nach Stuttgart berufen wurde. Er kaufte 1425 für seinen Bruder Hans Granheim und erwirbt für sich selbst 1452 die Schülzburg mit allen dazugehörigen Ländereien. Mit einem Mal sind die von Speths im mittleren und unteren Lautertal die bedeutendsten Grundherren. Der Besitz wächst bald durch Zukauf der Mühle von Anhausen und von Land um Erbstetten, 1527 um Granheim und Erbstetten-Wartstein.

Man hatte immer viele Kinder, zehn bis zwanzig an der Zahl, mit ein Grund, Platz zu schaffen. So ist die Erweiterung 1605 um das neue vierstöckige Schloßgebäude — heute die kulissenartige Ruine zum Tal hin — unter Hans-Reinhard II. einfach nötig.

Im 18. Jahrhundert zieht zeitgemäßer Komfort in die Burg ein, Verbindung zur Welt vermitteln Zeitungen, eine Schaf- und Schweinezucht wird im Land bekannt und trägt zum Wohlstand bei. 1763 läßt Maria-Anna das Amtshaus unterhalb der Burg errichten, und ein Jahr später kauft sie das Dorf Indelhausen und die Maisenburg. 1817 befiehlt König Wilhelm I. von Württemberg die Aufhebung der Leibeigenschaft. Anfang 1852 werden die Gefälle des Freiherrn Carl-Friedrich abgelöst, die Indelhausener haben fast 6000 Gulden an das Königliche Kameralamt zu Zwiefalten zu zahlen.

1884 brennt die Burg nieder, doch entgegen Gerüchten und phantasievollen Erzählungen ist die Ursache bis heute nie geklärt worden. Pläne für den schnellen Wiederaufbau schmiedet Carl-Johann schon vor der Jahrhundertwende, verkauft dazu Liegenschaften in Indelhausen.

Seit 1982 repräsentiert Baronin Margit Speth von Schülzburg-Stier die Familie. Sie ist sich ihrer geschichtlichen Verpflichtung bewußt und veranlaßt die Sicherung und Restaurierung der Ruine. Mit Millionenaufwand, vom Landesdenkmalamt und dem Kreis Reutlingen stark unterstützt, kommen die Arbeiten unter Leitung des Architekten Rudolf Brändle zur Ausführung. 1987 wurden die Arbeiten abgeschlossen und damit wieder ein weiteres Vermächtnis des Mittelalters in die Gegenwart gerettet. Margit Speth von Schülzburg-Stier veröffentlichte nach Beendigung der Renovierung noch eine kleine, recht reizvolle Broschüre, die einen interessanten Einblick in die Geschichte der Burg und der Familie vermittelt.

SÜDSEITE

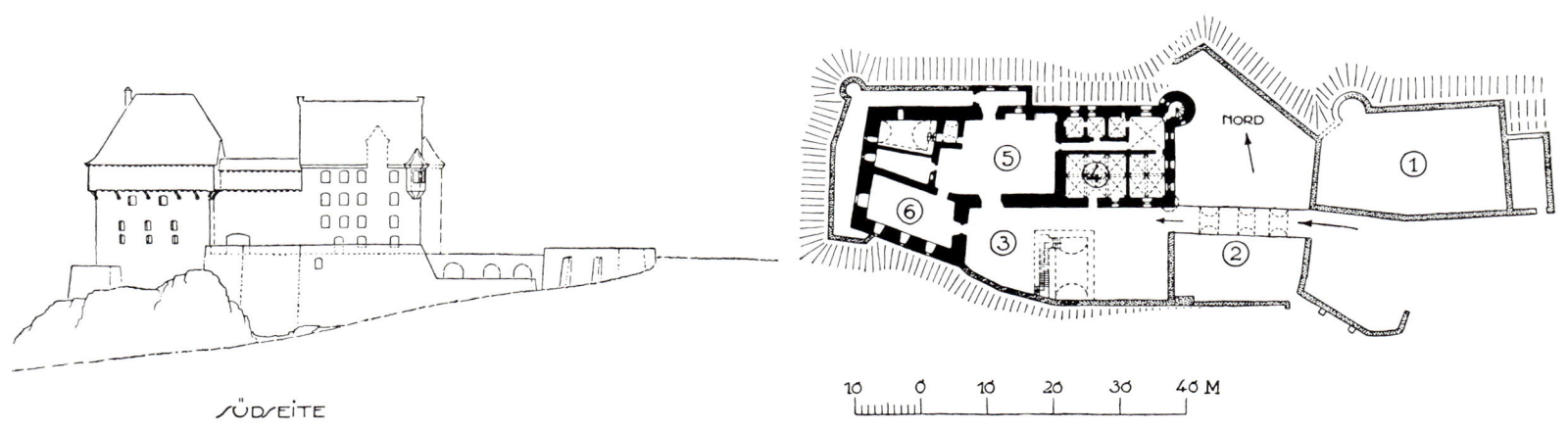

Oben die Schülzburg um 1900, unten rekonstruierte Ansicht sowie Grundriß

Die Rolle der Klöster – Konfessionsgrenzen heute

Mehrfach wurde es bereits erwähnt, und am deutlichsten zeigen es die Zwiebelturmhauben der Kirchen von Bichishausen, von Dürrenstetten, Oberwilzingen, Lauterach oder Obermarchtal. Quer über die Alb und durch das Lautertal zieht sich die Konfessionsgrenze. Wer versucht, zum Beispiel die evangelische Kirche von Hundersingen zu besichtigen, steht vor verschlossener Tür. Ähnlich unangemeldet einen Blick in die Kirche von Lauterach zu werfen, wird mit dem Zugang zu Zeichen tief verwurzelter Frömmigkeit belohnt. Auch Bildstöcke im Schatten von Bäumen, Wegkreuze auf freiem Feld, Lourdes-Grotten am Fuße von Felsen — weiter südlich zeigt man den Glauben mehr her. Neben solch äußerlichen Zeichen hat die Grenze lange Zeit schon handfeste Folgen gezeitigt: Die Flurstücke im protestantischen Norden wurden stets in Realteilung verteilt, ja gestückelt, während die Bauern im katholischen Süden auf wirtschaftliche Betriebsgrößen bedacht waren und das Land nur einem Sohn vererbten.

»Ihr Anführer und Oberhaupt war einer namens Reiser, von Rechts wegen unserer Jurisdiktion unterstellt. Eben diese verursachten uns unersetzbaren Schaden, insbesondere unserem Archiv, da sie Akten scheußlich zerfetzten und mit Schwertern Lagerbücher durchschnitten. Unsere Patres waren gezwungen, unterdessen an sichere Orte sich zu begeben.« (Arsenius Sulger, Zwiefalter Geschichtsschreiber, 1525)

Vor der Entwicklung der zwei großen christlichen Bekenntnisse nach der Reformation war die Bedeutung der Klöster auf und am Südrand der Alb um ein Vielfaches größer. In Marchtal versuchte bereits 776 ein kleines Benediktinerkloster zu bestehen, wie lange, ist nicht bekannt. Auch ein Chorherrenstift, um 1000 von Herzog Hermann II. von Schwaben gegründet, verschwand. Erst Pfalzgraf Hugo II. von Tübingen und seine Frau Elisabeth hatten 1171 mit der Stiftung des Prämonstratenserstiftes mehr Erfolg. Die erste Kirche von 1239 konnte bis in das 17. Jahrhundert genutzt werden, das Kloster blühte auf und wurde 1500 zur Reichsabtei erhoben. Geleitet wurde es zu dieser Zeit fast durchweg von Bürgerlichen, was sich darin günstig äußerte, daß sie für die Not der Bauern weitaus mehr Verständnis hatten als ihre adeligen Kollegen beispielsweise von Zwiefalten. Den Kunstfreund besticht Obermarchtal durch seine barocke Wandpfeilerkirche von 1692, nach dem Vorarlberger Münsterschema von den Brüdern Michael und Christian Thumb und ihrem Vetter Franz Beer errichtet, von Wessobrunner Meistern reich stuckiert und gut, aber kein bißchen überladen ausgestattet.

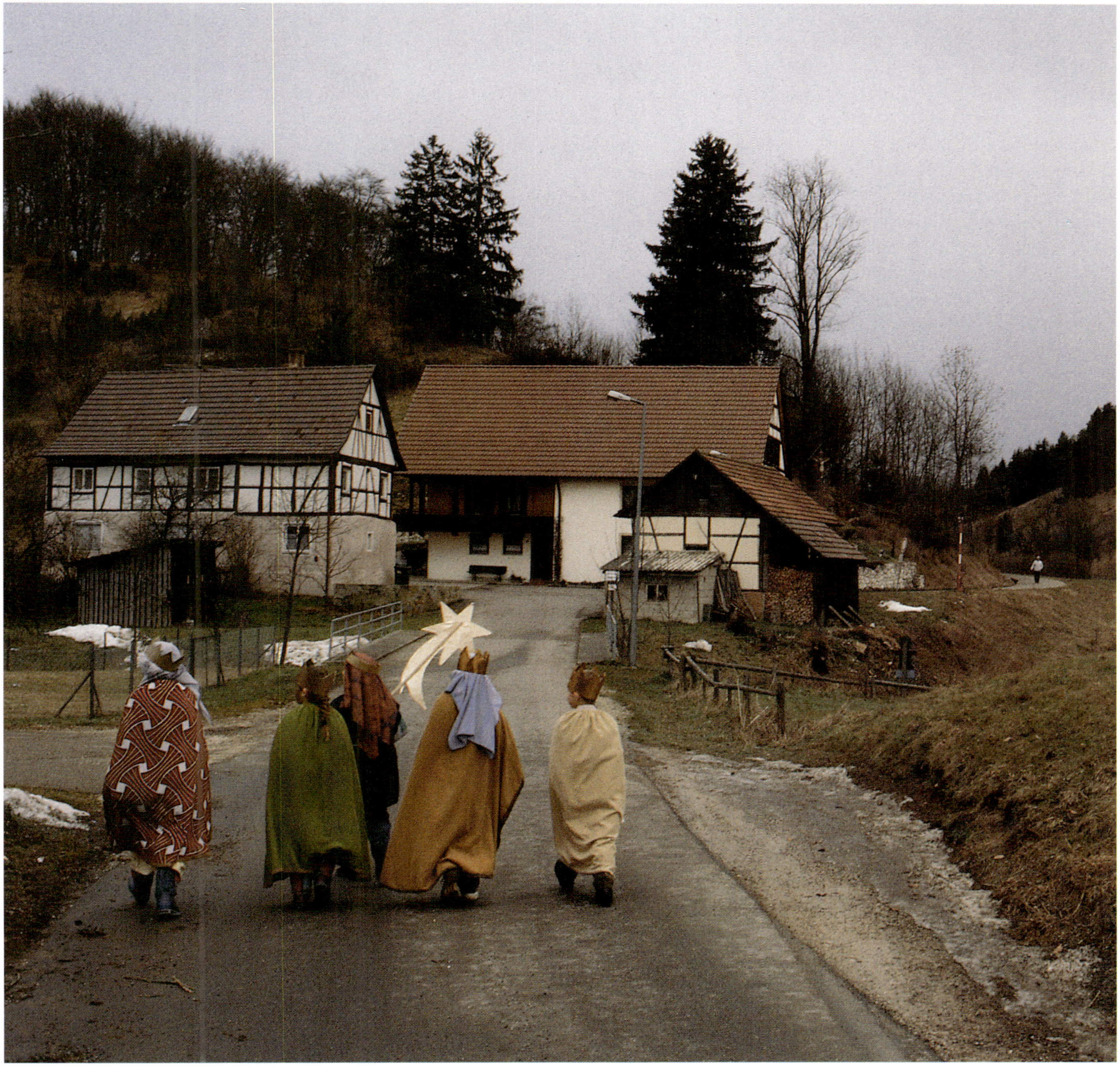

Zwiefalten trat ganz anders auf den Plan. 1089 gründeten zwei kinderlose Brüder aus dem Geschlecht der Achalmgrafen ein Benediktinerkloster, in dem sich Hirsauer Mönche niederließen. Rasch blühte das Kloster auf, bekam von seinen Stiftern und anderen Wohltätern eine reiche Ausstattung und großen Grundbesitz, der im Laufe der Zeit durch Tausch und Kauf arrondiert wurde. Den politisch entscheidenden Schritt zu einem eigenen Vogt für die 26 zugehörigen Albdörfer der Umgebung konnte das Kloster nicht behaupten. Im Gegenzug gelang es aber auch den Grafen von Württemberg nicht — obwohl seit 1365 in Besitz der Vogtei —, sich zu Landesherren über Zwiefalten aufzuwerfen. Sehr beliebt bei den Bauern können die Äbte und Grundherren des Klosters nicht gewesen sein, denn 1525 wurde das Kloster geplündert, das reiche Archiv gefleddert. Dennoch ist uns vieles aus der bekannten Zwiefalter Chronik überliefert.

»Das religiöse kirchliche Leben ist im allgemeinen als ein gutes zu bezeichnen, der Besuch des Gottesdienstes an Sonn- und Feiertagen als sehr gut. Taufverschmähungen und Trauungsunterlassungen kommen nicht vor.« (Oberamtsbeschreibung Münsingen, 1912)

Die Reformation wurde in Zwiefalten mit einem ausgeprägten Geist zur Gegenreformation beantwortet. Politisch gelang sogar 1749 der Sprung in die Reichsunmittelbarkeit, allerdings nur bis 1803, untermauert durch Grundbesitz von Reutlingen bis Riedlingen und Ehingen. Die 1668 von dem Graubündener Baumeister Thomaso Comacio geplante Klosteranlage wurde wie Obermarchtal von den Vorarlbergern Michael Thumb und Franz Beer vollendet. Sie beherbergt heute ein Psychiatrisches Landeskrankenhaus. Die Klosterkirche wurde unter der Leitung des Münchners Johann Michael Fischer von 1739 bis 1765 erbaut, in den achtziger Jahren unseres Jahrhunderts konnte eine zehnjährige Renovierung abgeschlossen werden.

Auch ein Kloster von weiter her besaß im Lautertalgebiet einst beträchtlich Land: Salem gründete im 12. Jahrhundert die landwirtschaftlichen Großbetriebe Bernloch und Altmannshausen. Der erste wurde zum Kern für den heutigen Ort. Altmannshausen dagegen, auf den Höhen östlich von Anhausen gelegen, wurde wieder aufgegeben, als die neidvolle »Politik kleiner Nadelstiche« seitens der benachbarten Grundherren auszuarten drohte. Heute steht der Hülbenhof noch etwa am Platz von Altmannshausen, das unter den zahlreichen Wüstungen der Münsinger Alb eine der prominentesten ist.

Das Kloster Offenhausen ist als Grundherr nie sonderlich in Erscheinung getreten. Dazu war seine Zeit wohl auch zu kurz. Die jetzige Nutzung durch das Gestüt Marbach seit Jahrhunderten entspricht viel mehr den heutigen Erfordernissen.

Anfang unseres Jahrhunderts zählten zu den rein oder fast durchweg evangelischen Gemeinden des Lautertals: Gomadingen, Steingebronn, Dapfen, Apfelstetten und Hundersingen. Katholisch waren Bichishausen, Gundelfingen, Indelhausen, Anhausen, Hayingen und Erbstetten.

Auf die besonderen Verhältnisse in der gemischtkonfessionellen Gemeinde Buttenhausen geht das nächste Kapitel ein. Heute hat sich dies durch Zuzug schon abgeschwächt. Der Charakter der Menschen, der Dörfer und der Landschaft ist aber noch oft durch ihren Glauben geprägt.

Fronleichnam in Hayingen

Der Evangelische Kirchenchor Hundersingen probt

Die Juden in Buttenhausen

Anders als die der übrigen Lautertalorte schreibt sich die Geschichte Buttenhausens. Dies gilt vor allem für die letzten 200 Jahre. Hier trugen die Frauen Ende des letzten Jahrhunderts die neuesten Modellhüte aus Paris, wurde im Leseverein »Harmonie« Mörike und Hauff gelesen, schwang man bei zahlreichen Festen das Tanzbein und freute sich der Gemeinderat über den »starken Zulauf von vielen Fremden«. — Noch heute erwecken die mehrstöckigen Häuser Neugierde... Mit ihren Türmchen und Erkern passen sie eher in das Bild einer Kleinstadt.

»Der Staat bezieht von den Juden a) Schutz- und Schirmgeld 4 fl., von dem Rabbiner, Vorsänger und den Witwen 2 fl., b) Aufnahmegebühr für einen fremden Juden 50 fl., eine fremde Jüdin 20 fl., ein fremdes Juden Kind 5 fl., für einen einheimischen Judensohn 15 fl.« (Oberamtsbeschreibung Münsingen 1825)

Maßgeblich an der Entwicklung Buttenhausens waren die Juden beteiligt, die sich hier gegen Ende des 18. Jahrhunderts niedergelassen hatten. Im sogenannten »Judenschutzbrief«, der das Muster von Jebenhausen zum Vorbild hatte, erlaubten ihnen die Reichsritter von Liebenstein 1787, in Buttenhausen ansässig zu werden und ihre Religion frei auszuüben, Rechte, von denen Juden in den Städten zur damaligen Zeit nur träumen konnten. Es waren jedoch nicht rein humanitäre Gründe, die die Liebensteins zu diesem Schritt bewogen hatten, sondern auch ökonomische. Sie erwarteten sich zusätzliche Einnahmen vom Handel der Juden. Zudem ließ sich die Judensteuer dem Kaiser gegenüber verpfänden, wenn in der Ritterschaftskasse einmal Ebbe herrschte. Dieses Privileg hatten jedoch nur Ritter. Dies erklärt, warum Juden, wenn überhaupt, zur damaligen Zeit eher in ritterschaftlichen Gebieten Fuß fassen konnten.

Der Judenschutzbrief, den die Juden mit ihren Abgaben teuer bezahlten, stellte sie rechtlich aber noch lange nicht gleich: die Zahl der Ansiedlungsberechtigten war auf 25 Familien beschränkt, Land durften sie keines erwerben und vom Salzhandel waren sie ebenso ausgeschlossen. Da sie auch noch keine volle Gewerbefreiheit genossen, waren sie zunächst gezwungen, weiterhin — wie zur damaligen Zeit üblich — mit fahrendem Handel ihren Lebensunterhalt zu verdienen. Man traf die Familienoberhäupter also eher auf den Märkten in Bamberg, München und Cannstatt an als im Lautertal.

In der Mitte des letzten Jahrhunderts änderte sich dies schrittweise. Die Juden nutzten die neuen Möglichkeiten aus, die ihnen im Zuge der Emanzipationsbestrebungen die württembergischen Gesetze einräumten. So konnten sie endlich in eigenen Geschäften am Ort mit ihrem Handel seßhaft werden; alsbald folgten Gastwirtschaften sowie kleinere Manufakturen. Die Herrnhuterbändel des Simon Bernheimer, der Vieh- und Pferdehandel der Gebrüder Löwenthal sowie die Zigarren des Herrn Lindauer machten Buttenhausen weit über das Oberamt Münsingen hinaus bekannt. Ja, einige glaubten sogar, Münsingen sei ein Vorort von Buttenhausen.

1870 waren mehr als die Hälfte der knapp 800 Köpfe zählenden Gemeinde Juden, von denen Schultheiß Schmidt 1912 urteilt: »Im Gemeinderat sowohl als im Bürgerausschuß sitzen seit alters her Israeliten (die Hälfte), auch sonst nehmen sie eine durchweg geachtete Stellung ein. Sie sind fortschrittlich gesinnt und für Verbesserungen und gemeinnützige Einrichtungen stets zu haben. Bezüglich Wohltätigkeit und Freigebigkeit auf allen Gebieten und für alle Zwecke könnte sich die Mehrheit unserer christlichen Bevölkerung ein gutes Beispiel an ihnen nehmen.«

Es war wohl Lehmann Bernheimer, an den Schultheiß Schmidt zuallererst gedacht haben mag, als er diese Zeilen schrieb. Bernheimer, der in München ein bekannter Kunst- und Antiquitätenhändler geworden war, stiftete 1904 eine Realschule, die von Kindern aller Konfessionen am Ort schulgeldfrei besucht werden durfte und die auch Mädchen aufnahm, Selbstverständlichkeiten, auf die andere Kinder der Alb noch lange warten mußten und für die sie selbst heute noch weite Wege in Kauf nehmen

Bernheimersche Realschule

müssen. Leider wurde das Vermögen der dazugehörenden Bernheimerschen Stiftung 1923 Opfer der Inflation, so daß der Unterricht eingestellt wurde.

Das weltoffene, von Toleranz geprägte Leben des Ortes beeinflußte sicher auch Matthias Erzberger, den wohl bekanntesten Buttenhausener, der aus keinem Geschichtsbuch mehr wegzudenken ist. Er unterzeichnete als deutscher Reichsminister den Waffenstillstandsvertrag des Ersten Weltkrieges. Der 1875 geborene Sohn armer, katholischer Eltern setzte sich stets für Religionsfreiheit ein und gehörte zu den wenigen Politikern, die versuchten, den Völkermord an den Armeniern abzuwenden. 1921 wurde er von nationalistischen Fanatikern erschossen. Erzberger war damit das erste Opfer aus Buttenhausen, das der wiederaufkeimende Nationalismus und Antisemitismus forderte und dem zwei Jahrzehnte später noch weitere 130 aus diesem Ort folgten.

Nicht alle Juden schafften es, sich dem mörderischen Zugriff der Nazis zu entziehen und rechtzeitig nach Amerika auszuwandern. Der Verkauf von Hab und Gut zu Niedrigstpreisen konnte kaum die hohen Auswanderungskosten sowie die »Judenvermögensabgabe« decken. Auch fühlten sich viele Juden dem lieblichen Lautertal sehr heimatverbunden.

Die Repressionen ihnen gegenüber waren von 1932 an von Jahr zu Jahr gewachsen. Zwar löschte die christlich-jüdische Feuerwehr von Buttenhausen den ersten Brand der Synagoge, den auswärtige SA-Leute 1939 gelegt hatten, noch gemeinsam, doch die Löscharbeiten beim zweiten Anschlag wußten SA und Gestapo bereits zu vereiteln. Die Vernichtung des jüdischen Friedhofes dagegen konnte von einigen couragierten Buttenhauser Bürgerinnen und Bürgern verhindert werden. Doch ihre Widerstandskraft reichte nicht mehr aus, um den ab 1941 beginnenden Deportationen nach Auschwitz und Theresienstadt entgegenzutreten. Die Unterdrückungsmechanismen des NS-Regimes zeigten jetzt auch auf dem Land ihre verheerende Wirkung. Zudem hatte die NSDAP Buttenhausen zum Schwerpunkt ihrer antisemitischen Propaganda erklärt. Damit endete nach 150 Jahren das Zusammenleben von Juden und Christen in Buttenhausen genauso tragisch wie anderswo auch. Der Judenschutzbrief war das Papier nicht mehr wert, auf das er 150 Jahre zuvor geschrieben worden war.

Jüdischer Friedhof Buttenhausen

Das obere Tal

An der Quelle
Hans-Jörg Schrenk

Vor einigen hunderttausend Jahren war dies noch anders. Damals entsprang die Große Lauter in der Nähe von Genkingen. Die heutige Lauterquelle war nur die Quelle eines kleinen Zuflusses zum eigentlichen Fluß. Heute ist das Tal zwischen Kohlstetten und dem Lichtenstein ein typisches Trockental. Die Wasser aus diesem Gebiet fließen unterirdisch zum großen Teil Richtung Echazquelle, von wo sie über den Neckar in den Rhein gelangen. Das Wasser der Offenhausener Quelle stammt aus Niederschlägen, die südlich des Lautertals niedergingen. Es fließt bei Obermarchtal in die Donau und damit letztendlich in das Schwarze Meer.

»Die offizielle Lauterquelle ist im Klostergarten zu Offenhausen. Der Platz ist in seiner weltabgeschiedenen Lieblichkeit wie geschaffen zu einem Kloster. Kein Wunder daher, daß im Mittelalter ein solches unter dem schönen Namen ›Gnadenzell‹ hier errichtet wurde.« (Theodor Engel: Unsere Schwäbische Alb, 1900).

Die Klosteranlage »Sankt Maria Gnadenzell« in Offenhausen hat eine recht wechselvolle Geschichte. Gegründet wurde das Dominikanerinnenkloster Mitte des 13. Jahrhunderts. Bereits 1480 aber scheint es mit dem christlichen Lebenswandel seiner Insassinnen nicht mehr weit her gewesen zu sein. Das Kloster wurde reformiert, und Graf Eberhard von Württemberg, der mit dem Barte, mußte dem »Zulauf von Mannsleuten« wehren. 1575 wurden dann Stuten aus dem benachbarten Gestüt Marbach in Offenhausen eingestellt, und 1810 wurde das Kloster endgültig aufgelöst, das Gelände wurde dem Marbacher Gestüt zugeschlagen.

Heute sind hier Hengste des Gestüts untergebracht, Offenhausen ist einer der vier Marbacher Gestütshöfe. Ein Besuch lohnt sich einmal wegen der idyllisch im ehemaligen Klostergarten gelegenen Lauterquelle, aber auch der Wanderer kommt bei einem kleinen Fußmarsch zur Hengstaufzuchtstation auf dem Hau auf seine Kosten, und der Feinschmecker kann sich im Klostergasthof an schwäbischen und anderen Köstlichkeiten erfreuen.

Die frühere Klosterkirche wurde lange Jahre als Scheune und Lagerhaus für das Gestüt benützt. Sie verfiel immer mehr. Dem 1984 gegründeten Förderverein Klosterkirche Offenhausen gelang es, mit Unterstützung von staatlicher und privater Seite, dieses Gebäude vor dem endgültigen Verfall zu retten: Es wurde renoviert, und heute ist dort das Gestütsmuseum Offenhausen untergebracht. Es zeigt die Geschichte und den Werdegang des Haupt- und Landgestüts Marbach an der Lauter und der Pferdezucht im württembergischen Raum. Ein weiterer Ausstellungsteil befaßt sich mit der Geschichte des Dominikanerinnenordens und des Klosters Offenhausen.

Folgt man dem Lauf der Lauter flußabwärts, so fällt als beherrschende Erhebung auf der rechten Talseite der Sternberg mit seinem Aussichtsturm auf. Von dort hat man bei günstigem Wetter einen hervorragenden Rundumblick auf die Kuppenalb und darüber hinaus. Nach Westen erkennt man Kirche und Gestütshof von Offenhausen, dahinter das Trockental der Urlauter mit Kohlstetten und Schloß Lichtenstein, im Norden das Lautertal mit Gomadingen, bei guter Sicht vielleicht sogar Hohenneuffen und Teck. Im Osten sieht man Münsingen, im Süden zeigt sich — bereits jenseits der Donau — der Bussen mit seiner Wallfahrtskirche. Bei guter Fernsicht reicht der Blick bis hin zu den Alpen von der Zugspitze bis in das Berner Oberland.

Aber nicht nur der Blick vom Sternberg ist sehenswert. Der Berg selbst lohnt eine längere Beschäftigung. Ein abwechslungsreicher Lehrpfad weist auf die Besonderheiten von Flora und Fauna des Sternberggebiets hin, das Wanderheim des Schwäbischen Albvereins lädt zum Verweilen und zum Vespern ein.

Lauterquelle Offenhausen

In Gomadingen vereinigt sich die Große Lauter mit der Gächinger Lauter, die ihr durch das Zizelhauser Tal zufließt. Die Gächinger Lauter hat die höchstgelegene Karstquelle aller Lauterzuflüsse. Das neuerbaute Rathaus von Gomadingen ist Sitz der Verwaltung der Gemeinden des oberen Lautertals, Offenhausen, Steingebronn, Marbach, Grafeneck, Dapfen und Wasserstetten sind mit Gomadingen zur Gesamtgemeinde zusammengefaßt. Eine Großzahl von Übernachtungsmöglichkeiten macht Gomadingen zu einem idealen Ausgangspunkt für einen längeren Urlaub. Vor allem für Familien mit Kindern eignet sich das evangelische Feriendorf mit zahlreichen Ferienhäusern. Neben Wanderungen etwa zum Sternberg, nach Marbach oder nach Ödenwaldstetten kann man sich im Urlaub die Zeit hier mit Kutschfahrten oder einem Besuch im Hallenbad vertreiben. Im Winter bieten die Skiloipen rund um den Sternberg Anreize zu ausgedehnten Langlauftouren. Talabwärts Richtung Marbach liegt links der Schömberg mit seinen gepflegten Wacholderheiden, die noch regelmäßig abgeweidet werden.

Über den Gomadinger See, einen ehemaligen Stausee, der jedoch schon längst abgelassen worden ist, erreicht man als Wanderer das Gestüt Marbach. Die rechts der Fahrstraße liegenden Gebäude sind die Arbeitsstätten der Gestütshandwerker. Sattler, Schmied und Wagner haben hier ihre Werkstätten. Im Frühjahr und Sommer stehen hier auch die Stuten, die von auswärts kommen und von den Hengsten des Gestüts gedeckt werden sollen. Links der Straße kommt man durch das schmiedeeiserne Tor am Verwaltungsgebäude vorbei in den Gestütshof, wo rund ums Jahr circa fünfzig Hengste aufgestallt sind. Weiter führt der Weg den Hang hinauf und an den Stutenställen vorbei zu den Weiden des Gestüts, wo sich im Frühjahr und Sommer die Stuten mit ihren Fohlen tummeln.

Die Lauter fließt am Gestüt vorbei weiter Richtung Dapfen. An der Kreuzung zur Straße nach Münsingen durch das Dolderbachtal liegt der kleine, direkt schnuckelige ehemalige Bahnhof Marbach, der heute als Freizeitheim für Behinderte Verwendung findet. Die Bahnlinie ist seit einigen Jahren offiziell stillgelegt, nur selten kann man nostalgische Dampfzugfahrten oder einen Truppentransporter der Bundeswehr auf der Strecke sehen. Darüber blickt das stattliche Schloß Grafeneck mit seiner wechselvollen Geschichte ins Tal herunter.

Am Gestütsgasthof und den Häusern des Schelmenbühls vorbei geht es weiter in Richtung mittleres Tal. Am Schelmenbühl beginnt ein asphaltierter Wirtschaftsweg, der besonders die Radwanderer erfreut: Er führt abseits der Fahrstraße Richtung Buttenhausen bis hinter Wasserstetten, vorbei an Weiden, die auch hier bisweilen von Pferden bevölkert werden. Rechts oben blicken Kirche und Schule des Dapfener »Kulturhügels« herunter. Sie liegen mit dem Pfarrhaus etwas außerhalb des Ortes über dem Tal. Wahrscheinlich handelt es sich bei der Dapfener Martinskirche um eine alte Feldkirche, die vor einigen Jahrhunderten noch den Mittelpunkt für die umliegenden Orte bildete. Bei den letzten Häusern des Dapfener Vorderdorfs steht das Pumpwerk der Albwasserversorgungsgruppe Lautertal, das Wasser aus den Quellen am Rand des Lautertals zum Hochbehälter am Jörgenbühl hinaufpumpt. Es versorgt die Dörfer von Dapfen bis Gundelfingen mit Trinkwasser.

Zwischen Dapfen und Wasserstetten mündet von rechts das Pfaffental mit dem Läuterle ein. Nach wenigen hundert Metern verzweigt sich dieses Tal, und nach links, nach Süden zieht sich das Brunnental hoch, unterhalb der Ruine Blankenstein. Von dieser Burg der Herren von Blankenstein ist nur noch ein Turmrest mit Buckelquadern erhalten. Auf der gegenüberliegenden Talseite erhebt sich der Baldelaufelsen, auf dem, allerdings spärlich, ebenfalls die Reste einer Burg mit Burggraben erhalten sind.

Offenhausen und das alte Trockental der Lauter vom Sternberg

Allee bei Offenhausen

Wacholder

Silberdistel

Gomadingen

Backhaus Gomadingen

Dapfen

Magnet Pferde –
das Haupt- und Landgestüt Marbach

Über ein halbe Million Besucher kommen Jahr für Jahr hierher, und die Veranstaltungen, die hier stattfinden, sind meist schon Wochen vorher ausverkauft. Sommers wie winters, bei schönem, aber auch bei schlechtem Wetter, sind die Anlagen von interessierten Besuchern und Wanderern bevölkert. Nein — die Rede ist hier nicht etwa von einem Fußballstadion, noch von einem Freizeitpark oder einem Theaterfestival, sondern diese Zahlen stehen für die Besucher des baden-württembergischen Haupt- und Landgestüts Marbach an der Lauter, kurz dem Gestüt Marbach.

»Als das einzige Mutterstuten-Gestüt hat Marbach, nach dem aufgestellten System, jeden im Lande erforderlichen Schlag, vom Reitpferd bis zum Wagenpferd, zu enthalten. Die Beschäler kommen alljährlich im März, in der Zahl sieben bis acht, aus dem Königlichen Landbeschälerstall in Stuttgart nach Marbach, und gehen mit Ende der Beschälzeit wieder dahin zurück.« (Memminger: Oberamtsbeschreibung Münsingen, 1825)

Schon im 15. Jahrhundert wird im Münsinger Lagerbuch ein Gestüt und ein Stutenknecht in Marbach erwähnt. 1573 wurde Marbach dann als Hofgestüt eingerichtet, in dem Pferde für den Bedarf der gräflichen und später herzoglichen Hofhaltung in Stuttgart gezüchtet wurden. Dies waren damals Modepferde wie Andalusier oder Neapolitaner, die durch ihre extravaganten Gänge und Farben ins Auge fielen. Aber auch im Transport- und Militärwesen spielte das Pferd über viele Jahrhunderte eine hervorragende Rolle, war es doch bis zum Anfang unseres Jahrhunderts, bis zur Erfindung des Automobils, das wichtigste Transport- und Nachrichtenmittel, unersetzlich in Krieg und Frieden.

Bereits 1687 erging eine erste württembergische Gestütsordnung, in der bestimmt wurde, daß nur ausgewählte Hengste für die Pferdezucht zugelassen waren, um damit die Qualität des in Württemberg gezogenen Pferdes zu verbessern. 1818 war es dann König Wilhelm I. von Württemberg, der »Bauernkönig«, der das Marbacher Gestüt in ein Staatsgestüt umwandelte, das die Aufgabe hatte, leistungsfähige Reit- und Wagenpferde für Transport, Gewerbe und Landwirtschaft in Württemberg zu liefern.

Heute ist Marbach eine Einrichtung des Landes Baden-Württemberg mit der Hauptaufgabe, den Pferdezüchtern des Landes geeignete Hengste zur Verfügung zu stellen. Daneben wird in Marbach mit seinen Gestütshöfen Sankt-Johann, Offenhausen und Güterstein auf Prüfstationen die Leistungsfähigkeit von Rinder- und Geflügelrassen getestet, und auf den Ackerflächen wird Saatgutvermehrung betrieben.

Was aber heißt eigentlich Haupt- und Landgestüt? Der Begriff Gestüt ist recht einfach zu erklären, es ist ein Ort, an dem Pferde gezüchtet werden. Unter einem Landgestüt versteht man ein Gestüt, auf dem nur Hengste gehalten werden. Diese werden dann den Pferdezüchtern zur Bedeckung ihrer Stuten zur Verfügung gestellt. Auf einem Hauptgestüt wird neben den Hengsten auch noch eine Stutenherde gehalten. Hier werden den Züchtern also nicht nur Hengste gehalten, sondern es wird selbst Pferdezucht betrieben. In den alten Bundesländern gibt es neben Marbach nur noch ein weiteres Hauptgestüt, das Stammgestüt Schwaiganger in Bayern. Die übrigen Bundesländer verfügen nur über Landgestüte.

In Marbach und seinen Außenhöfen kann man über dreihundert Pferde besichtigen, darunter sind etwa neunzig Hengste, sechzig Mutterstuten und rund hundertfünfzig Fohlen im Alter bis zu drei Jahren. Als landwirtschaftlicher Großbetrieb umfaßt das Gestüt beinahe tausend Hektar Fläche, davon werden etwa neunhundert landwirtschaftlich genutzt. Für die Betreuung der Pferde, die Bewirtschaftung der Flächen und die vielfältigen sonstigen Arbeiten sind einhundertfünfzig Mitarbeiter tätig.

Mehr als zweihundert der in Marbach gehaltenen Pferde gehören zur Rasse des württembergischen Warmblutes, das wie etwa auch die Hannoveraner, die Oldenburger

Gestütanlage Marbach

oder die Bayerischen Warmblüter zur Rassengruppe des deutschen Reitpferdes gehört. Zuchtziel ist ein edles, gängiges Warmblutpferd für alle Zwecke des modernen Reit- und Fahrsports. Bis kurz nach dem Zweiten Weltkrieg wurde dagegen ein schweres, stämmiges, genügsames Pferd gezüchtet, das sich für alle Zwecke der Landwirtschaft geeignet hat. Dieses altwürttembergische Pferd, das auch die Bezeichnung »Herr und Bauer« trug, da es sowohl vor dem Pflug oder dem Ackerwagen wie auch am Sonntag vor der Kutsche oder unter dem Reiter Verwendung fand, war jedoch mit dem Einzug des Traktors auf den Bauernhöfen und der zunehmenden Nachfrage, die durch den aufstrebenden Reitsport nach reinen Reitpferden bestand, nicht mehr gefragt. So wurde Ende der fünfziger Jahre in Marbach begonnen, den alten Württemberger umzuzüchten. Dieser Umzüchtungsprozeß wurde mit Trakehnerhengsten durchgeführt, die bereits damals im erwünschten Sportpferdtyp bestanden. Als erfolgreichsten Veredler des württembergischen Pferdes kann man den Hengst Julmond bezeichnen, der noch in Ostpreußen geboren wurde und mit einem Treck nach Norddeutschland gelangte. Er gilt heute als Stammvater der modernen baden-württembergischen Reitpferdezucht. Nach seinem Tod in hohem Alter wurde ihm inmitten der Marbacher Stutenkoppeln ein Gedenkstein gesetzt. Nach dieser ersten Umzüchtungsphase mit Hilfe des »ostpreußischen Pferdes Trakehner Abstammung« werden heute auch vermehrt Hengste anderer Zuchtrichtungen, etwa Hannoveraner, Westfalen und französische Hengste in Marbach und in der Landespferdezucht eingesetzt. Man kann mit Fug und Recht davon ausgehen, daß aus dem alten Württemberger ein modernes Reitpferd für alle Zwecke des Reit- und Fahrsports geworden ist. Die Württemberger Pferdezucht braucht sich hinter den Zuchten der übrigen Bundesländer nicht zu verstecken.

Neben den Warmblutpferden wird in Marbach eine zweite Zuchtrichtung gepflegt, nämlich die Schwarzwälder Füchse, die kleinen, gängigen Kaltblutpferde aus dem Hochschwarzwald. Etwa zehn Hengste stehen auf dem Gestütshof Offenhausen, wenn sie nicht gerade ihren Pflichten als Beschäler auf den Deckplatten im Schwarzwald oder im Oberland nachgehen. Diese umgänglichen Pferde mit ihrer hellen Mähne erleben zur Zeit nicht nur eine Renaissance als eifrige Arbeiter beim Holzschleppen im Wald, das sie wesentlich umweltschonender als Traktoren und Seilzüge bewältigen, auch als Freizeitpferde für Reiten und Fahren für Pferdefreunde, die nicht unbedingt im Sport mitmachen wollen, sind sie in den letzten Jahren immer beliebter geworden.

Eine Augenweide für Pferdefreunde und Züchter aus aller Welt sind die Hengste, Stuten und Fohlen der Vollblutaraber, die seit 1932 in Marbach gehalten und gezüchtet werden. Auch diese Zucht geht auf den württembergischen König Wilhelm I. zurück. Dieser hatte bereits 1814 begonnen, auf seinem Privatgestüt Weil bei Eßlingen importierte Araber zu züchten. Diese Zucht wurde mit großem Erfolg bis 1932 dort fortgeführt. Zeitweilig galten die Weiler

Bei einem Fahrturnier

Junghengste bei Offenhausen

Vollblutaraber

Römischer Streitwagen

Vollblutaraber als die besten, die jemals aus dem Orient importiert worden waren. Der Hengst Amurath-Weil gilt als Linienbegründer in sehr vielen Warmblutzuchten im In- und Ausland. Durch ihn wurde der Name des Gestüts Weil in ganz Europa verbreitet.

1932 wurden die Weiler Pferde aus wirtschaftlichen Gründen an das württembergische Hauptgestüt Marbach übergeben, da Wilhelm I. testamentarisch verfügt hatte, daß sein Gestüt nie aufgelöst werden dürfe. Nach zeitweiligem kriegsbedingtem Niedergang ist die Weil-Marbacher Zucht heute durch konsequente züchterische Arbeit zu einem der führenden Vollblutarabergestüte der Welt geworden. Pferde aus dieser Zucht sind auf der ganzen Welt verbreitet, Käufer und Besucher von überall her kommen jedes Jahr nach Marbach, um sich an den zierlichen Vollblutarabern zu erfreuen.

Das Pferdejahr beginnt in Marbach im Februar, wenn die Deckhengste auf ihre Stationen in ganz Baden-Württemberg verteilt werden. Etwa um diese Zeit werden auch die ersten Fohlen geboren, die dann ein halbes Jahr gemeinsam mit ihren Müttern auf den großen Weiden oberhalb der Marbacher Stallungen verbringen. Dann werden sie von ihren Müttern abgesetzt und auf den Fohlenhöfen von Sankt-Johann und Offenhausen in getrennten Herden für Hengst- und Stutfohlen aufgezogen. Mit drei Jahren beginnt für sie der Ernst des Lebens. Sie werden eingeritten, die Hengste werden auf die Hengstleistungsprüfung vorbereitet, die sie absolvieren müssen, wenn sie später als Deckhengste eingesetzt werden sollen. Hengste, die diese Prüfung oder die staatliche Körung nicht bestehen, werden auf einer Versteigerung jedes Jahr im Februar verkauft. Dazu wird jedes Mal eine stattliche Zahl von Zuschauern und potentiellen Käufern erwartet, da unter Reitern und Fahrern bekannt ist, daß Marbacher Pferde von gutem Temperament und durch das Aufwachsen in der Herde gut erzogen sind. Aber nicht nur Pferde werden in Marbach ausgebildet, an der Reit- und Fahrschule finden ständig Reit- und Fahrkurse statt, in denen vom Anfänger bis zum Könner und Ausbilder alle ihr Wissen ums Pferd und ihr Können im Reiten und Fahren verbessern können. Letzter Höhepunkt in Marbach sind dann nach der Hengstleistungsprüfung im September immer die Hengstparaden, die Ende September/Anfang Oktober stattfinden. Mehrere zehntausend Zuschauer kommen hierzu auf die Alb, um die vielfältigen Darbietungen und Schaunummern rund ums Pferd, die neuen Hengste und eventuell Fohlen von guten Vererbern zu besichtigen.

Marbach ist nicht nur ein Besuchermagnet für Pferdefreunde und Wanderer, die sich an den edlen Pferden, den gepflegten Anlagen und der schönen Landschaft erfreuen, es ist für das Lautertal auch ein gefragter Arbeitgeber. Mehr als hundertfünfzig Mitarbeiter werden im Gestüt beschäftigt, die sich um die Ausbildung und Pflege der Pferde, die Unterhaltung der Anlagen und landwirtschaftlichen Flächen und die Pflege und Reparatur des Inventars kümmern. Marbach besitzt eine eigene Sattlerei und Schmiede, eine Schlosser- und Wagnerwerkstatt, es bewirtschaftet seine Ackerflächen mit eigenen Mitarbeitern und ist dadurch natürlich auch ein wichtiger Wirtschaftsfaktor im Lautertal und seiner Umgebung. Auch durch die große Zahl der Besucher kommt dem Gestüt eine große Bedeutung für dieses Gebiet zu.

Marbach hat seine Reize zu jeder Jahreszeit. Ob im Frühjahr und Sommer das Spiel der Fohlen auf den Weiden, ob im Herbst die Hengstparaden oder im Februar die Versteigerung der Gestütspferde, immer ist das baden-württembergische Haupt- und Landgestüt einen Besuch wert.

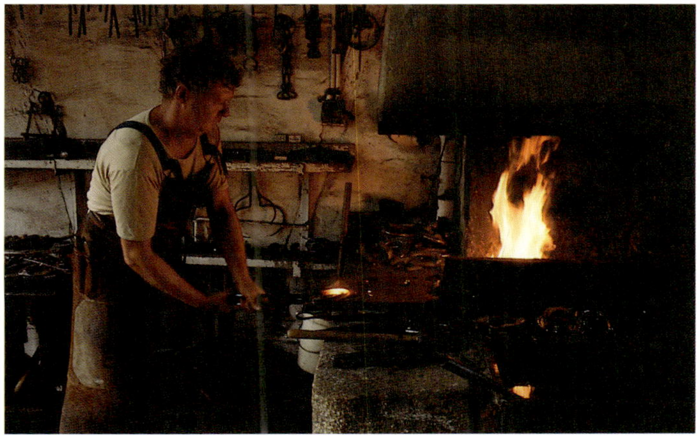

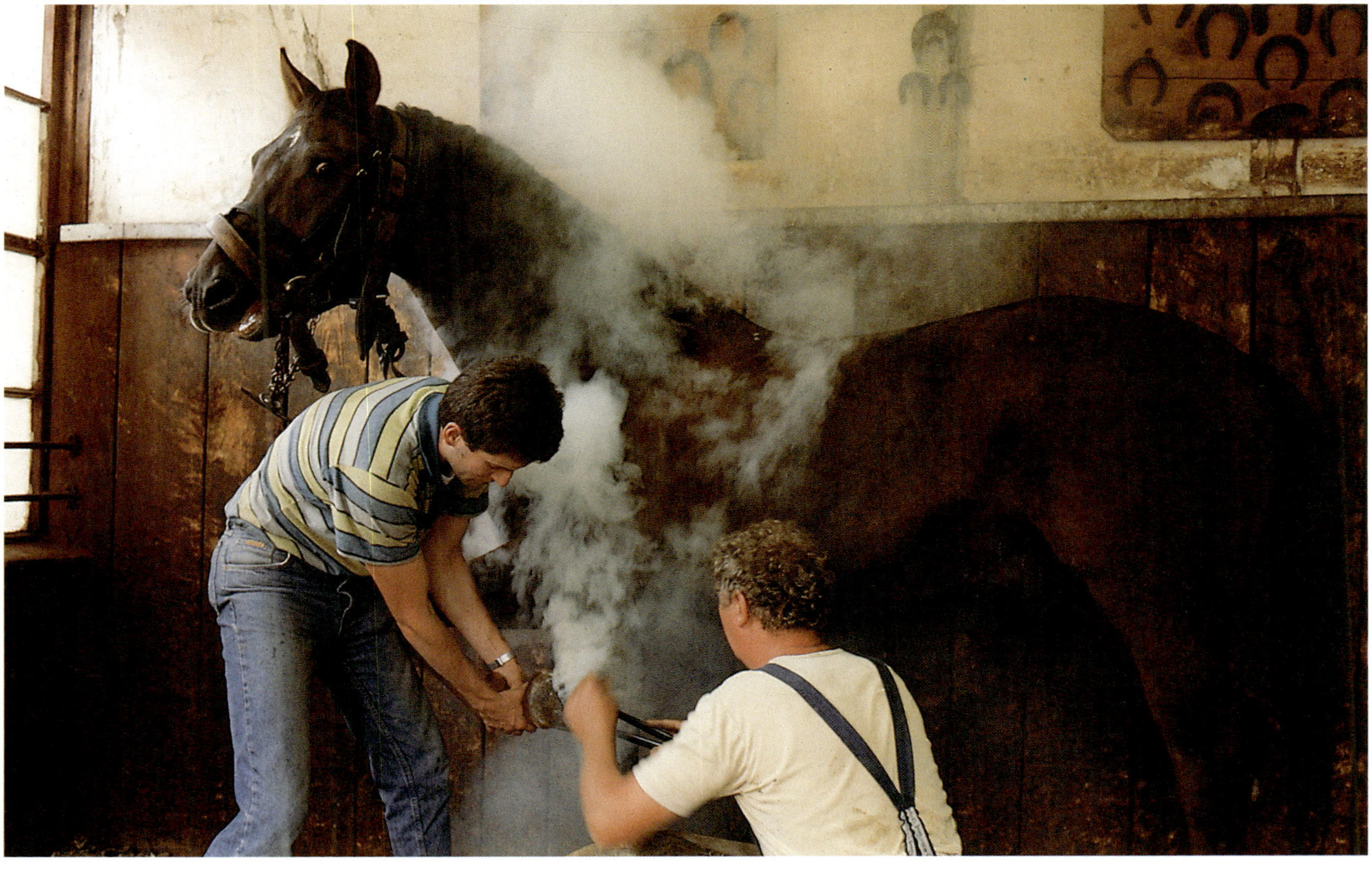

Schloß Grafeneck – Lustschloß und Ort des Grauens

Bereits im Mittelalter stand auf der Höhe über dem Dolderbachtal eine Burg, erbaut von den Grafen von Urach. Anstelle dieser Burg ließ Herzog Christoph von Württemberg von 1556 bis 1560 ein vierflügeliges Jagdschloß errichten, das Herzog Karl Eugen im 18. Jahrhundert gründlich umbauen und dabei den südlichen Flügel abreißen ließ. So kam Grafeneck zu seiner heutigen Hufeisenform. Karl Eugen, ein typischer Barockfürst, war oft in Grafeneck und feierte hier rauschende Feste mit Hunderten von Gästen. Dann aber verlor er plötzlich das Interesse an seinem Schloß auf der rauhen Alb, weil er nämlich für seine Geliebte Franziska von Leutrum schon am nächsten baute, Schloß Hohenheim bei Stuttgart. Grafeneck und seine Anlagen verfielen, teilweise wurden Gebäude abgebrochen. Von 1842 bis 1905 war das Schloß königliches Forstamt, dann kam es in private Hände.

»Das Schloß Grafeneck, ehemals auch Gravenegg geschrieben, hat eine äußerst romantische Lage auf einer in das stille Thälchen ziehenden Ecke des Gebirgs, zwischen zwey Thalzinken, welche sich vor dem Schlosse vereinigen.« (Memminger: Oberamtsbeschreibung Münsingen, 1825)

Neues Leben zog in die alten Mauern, als 1929 die Samariterstiftung Grafeneck übernehmen konnte und dort ein Heim für hundert pflegebedürftige Menschen, körperlich und geistig Behinderte, einrichtete. Die Stiftung war stolz auf dieses neue Heim, das mit seinen hellen Räumen und sanitären Anlagen als mustergültig für die damalige Zeit galt.

Aber schon bald kamen leidvolle Zeiten auf das einst für ländliche Vergnügungen errichtete Gebäude zu: In einem Geheimerlaß vom 1. August 1939 hatte »der Führer und Reichskanzler«, der unselige Diktator Adolf Hitler, den Befehl »zur Tötung lebensunwerten Lebens« gegeben. Am 14. Oktober 1939 wurde Grafeneck im Auftrag des Württembergischen Innenministeriums »für Zwecke des Reiches« beschlagnahmt. Es mußte von der Samariterstiftung geräumt werden. Im Januar 1940 wurden im Rahmen der »Aktion T 4« die ersten 40 Behinderten nach Grafeneck verbracht. Sie wurden mit Kohlenmonoxid vergast.

Von Februar bis Dezember 1940 fanden 10 546 Menschen in den Gaskammern von Grafeneck den Tod. Ihre Leichen wurden verbrannt, ihre Angehörigen in einem lapidaren Brief über »plötzliche Krankheit und unerwarteten Tod« unterrichtet. 250 Urnen mit der Asche dieser Toten sind auf dem Heimfriedhof in zwei großen Gräbern beigesetzt. Seit 1990 erinnert eine Gedenkkapelle an die Opfer dieser unseligen Zeit.

1947 wurde Schloß Grafeneck an die Samariterstiftung zurückgegeben, die dort heute als diakonische Einrichtung ein Heim für erwachsene Behinderte betreibt. Grafeneck ist wieder eine Stätte des Lebens geworden. In Wohngruppen leben hier 112 Menschen mit Behinderungen und psychischen Erkrankungen, die nach ihren Möglichkeiten gefördert und betreut werden. Auch eine Außenwohngruppe in Gomadingen und eine Werkstatt für Behinderte gehören zum Angebot von Grafeneck.

358 1-3
Psalm
256 1+2
234 - 1-3
231 1-3

Das mittlere Tal

Die Große Lauter – gebändigt und doch noch naturnah
Hermann Franken, Martin Mangold

Die Geschichte des Lautertales zeigt, daß der Fluß seine Lebensader war und immer noch ist. Mensch und Tier tranken aus ihm, er wässerte die Talwiesen, er nahm Abwässer auf und trieb Mühlräder an. Sein Fischbestand brachte Abwechslung auf den Tisch der Bauern, Holzfäller und Schäfer.

Die ersten Siedlungen entstanden auf dem Talboden schon in alemannischer Zeit, etwa im 3. Jahrhundert n. Chr. Bis in diese Zeit reichen die Wurzeln der ältesten heutigen Siedlungen zurück. Aus Grabfunden und alten Urkunden wissen wir, daß Ortschaften, deren Namen auf »-ingen« enden, wohl die Urorte des Tals waren. Unsere Vorfahren hatten sie aus guten Gründen am Wasserlauf in der fruchtbaren Talaue angelegt. Diese Plätze boten lange Zeit bessere Lebensbedingungen als die insgesamt karge und rauhe Albhochfläche.

»Die älteste Nachricht von Buttenhausen ist vom Jahre 1330, wonach Anselm von Justingen der Kirche von Buttenhausen den oberen Maierhof schenkte.« (Oberamtsbeschreibung Münsingen, 1912)

Erst ab der zweiten Hälfte des 19. Jahrhunderts wurde das Leben auch dort angenehmer, als nämlich die hochgelegenen Dörfer Schritt für Schritt an die Gruppenwasserversorgung angeschlossen wurden und nicht mehr vom Wasser ihrer Zisternen und Hülben abhängig waren. Die Wassertürme und Hochbehälter der Alb künden heute noch von dieser Pioniertat.

Die älteste Wasserversorgungsgruppe (1878) im Landkreis Reutlingen ist die aus dem Lautertal. Noch heute verteilt sie das Wasser aus der »Häringsquelle« und dem »Bodenlosen Brunnen« auf die Ortschaften. Dennoch gab es bis ins 20. Jahrhundert einzelne Dörfer, die keine geregelte Wasserversorgung hatten, sondern ihr Trinkwasser lange aus dem Fluß schöpfen mußten. In Indelhausen, Anhausen und Weiler beispielsweise sprudelte das Wasser erst ab 1949 aus den Wasserhähnen in Haus und Hof.

Mit den sich wandelnden Ansprüchen der Menschen an den Fluß und die Landschaft hat natürlich auch das Lautertal im Laufe der Zeit sein Gesicht verändert und neue Funktionen übernommen. Von den Ursprüngen der Dörfer und vom Leben in ihnen ist vieles nur noch zu ahnen. Die Gebäude sind modernisiert und herausgeputzt, die Straßen asphaltiert und begradigt, und auch der Fluß ist in sein Bett gezwungen. Wie sahen der Fluß und das Leben an ihm früher einmal aus?

In der Zeit der arbeitsintensiven Landwirtschaft, die teilweise noch bis weit in das 20. Jahrhundert reichte, nutzten die Bauern des Lautertales das Flußwasser zur Bewässerung ihrer Fettwiesen. Denen hatten ihre Vorfahren lange vorher den üppigen Baumbestand der Talauen geopfert. Mittels eines weitverzweigten Bewässerungssystems aus Gräben, Wehren und Staufallen leiteten sie das Wasser präzise, je nach Bedarf und örtlichem Reglement, auf ihre Wiesengrundstücke. Den Bauern gelang es nicht selten, das Wachstum ihrer Wiesen durch die künstliche Bewässerung so zu steigern, daß während des Sommers eine dritte Mahd möglich wurde. Mit der zunehmenden Mechanisierung der Landwirtschaft und der Verwendung organischer und mineralischer Düngemittel im Verlauf des 20. Jahrhunderts verloren die Wässerwiesen ihre Bedeutung. Die feuchten, weichen Böden und das ausgeklügelte Bewässerungssystem standen den schweren Maschinen buchstäblich im Weg. Vor allem nach dem Zweiten Weltkrieg verfiel die alte Bewässerung zunehmend und wurde dann auch Zug um Zug beseitigt. Von jetzt an stand Entwässerung auf dem Programm.

Viel früher schon war man darangegangen, die alten, von der Wasserkraft der Lauter angetriebenen Mahl- oder Sägemühlen stillzulegen. Fast jedes Dorf entlang des Flusses hatte mindestens eine besessen. Der sogenannte technische Fortschritt überholte sie gründlich. Lediglich in Indelhausen und Buttenhausen wird heute noch Getreide

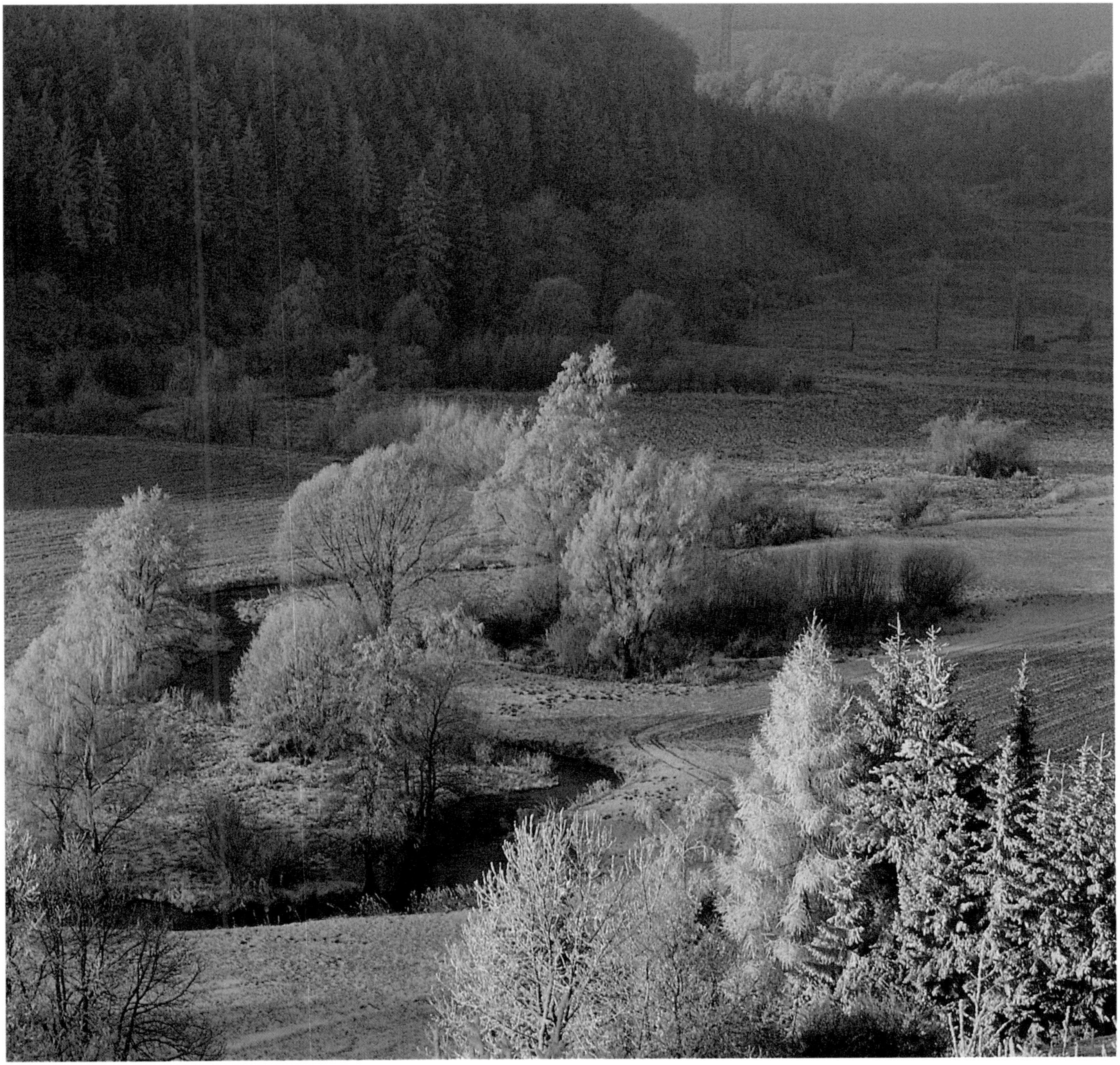

Buttenhausen

Beim Bürzel

gemahlen, wenn auch längst nicht mehr mit Hilfe des Lauterwassers. Eine zweite Mühle, ein alter Fachwerkbau, dient den Indelhausern heute als Rathaus.

Verläßt man die Dörfer und spaziert entlang den Flußwiesen, so zeigt sich an vielen Stellen schon eine maschinengerechte, asphaltierte Zufahrt für jedes Stückchen Erde. Man nutzt lieber die maschinell einsetzbaren Mittel der Chemieindustrie zur Düngung der Wiesen als ein umweltverträglicheres, aber mühseliger handhabbares Bewässerungssystem. Das satte, mit gelbem Löwenzahn durchsetzte Grün der Wiesen kündet davon.

Erste Entwässerungsmaßnahmen fanden schon um 1910 bei Gomadingen und Marbach statt, die letzte große Melioration dann in der Nachkriegszeit im mittleren Abschnitt des Lautertales. Vielfach waren diese Maßnahmen mit massiven Eingriffen in das Flußbett verbunden, zumal man den seit dem 17. Jahrhundert bekannten Hochwässern der Großen Lauter hauptsächlich mit technischen Lösungen am Fluß selbst zu begegnen suchte. Nach den letzten großen Überflutungen in den Jahren 1947/49 wurde der hochwassersichere Ausbau aller Ortschaften im Großen Lautertal durch das Land Baden-Württemberg gefördert. Gegen die von Menschenhand herbeigeführten Ursachen dieser Hochwässer unternahm man auch in späterer Zeit viel zu wenig. Zwar gibt es im Einzugsgebiet der Lauter eher mehr Aufforstung als Entwaldung von Hängen, doch die fortschreitende Versiegelung des Bodens durch Straßen und Gebäude, die das Wasser direkt und schneller den Bächen zuströmen lassen, findet auch zwischen Gomadingen und Hayingen statt.

Mit der Begradigung und Befestigung der Ufer konnte die Lauter ihr Bett nicht mehr seitlich ausdehnen, sie begann in die Tiefe zu erodieren. Damit erhöhten sich aber auch die Hochwasserspitzen bei starken Regenfällen. Die Wasserbaumaßnahmen richteten sich vor allem auf die gefährdeten Bereiche in den jeweiligen Ortslagen. Außerhalb, in der freien Talaue, rückte man dem Fluß, allein schon aus Kostengründen, etwas vorsichtiger zu Leibe. Dennoch bedeuteten all diese Eingriffe, so behutsam sie auch vorgenommen wurden, den Verlust an Feuchtbiotopen und die Verringerung der Artenvielfalt in Flora und Fauna. Die Ufer der Großen Lauter sind in großen Abschnitten nur noch von einer schmalen Ufervegetation gesäumt. Kräuter wie Weidenröschen, Mädesüß, Schwertlilie, Vergißmeinnicht, Brunnenkresse oder Baldrian sind die bekanntesten. Abschnittsweise stehen aber auch Gehölze wie Schwarz- und Grauerlen, Weiden, Eschen und Holunder am Fluß.

Was ist an der Großen Lauter also noch naturnahes Gewässer, trotz der Regulierungen? Naturnah bedeutet, daß der Fluß entsprechend der Wasserdynamik seinem natürlichen Lauf folgen kann und nicht der Mensch mit Hilfe der Technik den Fluß in ein Bett gezwungen hat. Noch immer fließt die Große Lauter über rund 44 Kilometer mal munter, mal träge in ihrem bis zu 5 Meter breiten Bett dahin. Flachwasserstrecken wechseln sich ab mit tiefen Gumpen, Gefälle von 2 Prozent sind keine Seltenheit. Außerhalb der Ortschaften schlängelt sie sich so durch die Talauen, wie wir es uns mit unseren zivilisationsgewöhnten Augen kaum natürlicher vorstellen können. Unterhalb der klaren, kalten Quelle im ehemaligen Frauenkloster Offenhausen, sobald das Lauterwasser einige menschliche Ansiedlungen passiert hat, erscheint

Hundersingen

der Fluß nicht mehr ganz so klar. Dennoch grünt im Wasser, überall und ganzjährig, noch eine vielfältige Pflanzenwelt, die allerdings jährlich gemäht wird, um den ungehinderten Abfluß zu gewährleisten. Die bekanntesten Pflanzen sind der weißblütige Hahnenfuß — er fällt richtig ins Auge — das Dichte Laichkraut, der Merk, das Flutende Mannagras und Wassermoose.

Im oberen Abschnitt, im kälteren Flußwasser, stehen noch Bach- und Regenbogenforellen in der Strömung, im unteren, wärmeren, etwa ab Indelhausen, finden wir Äschen. Sicher bis vor kurzem hat sich in der unteren Flußhälfte auch der einheimische Edelkrebs halten können, während er schon Jahrzehnte zuvor in weiten Teilen Europas der Krebspest erlegen war. Nun wurde er länger nicht gesichtet, was vielleicht sein Aussterben bedeutet.

Hochstauden- und röhrichtreiche Gewässerstrecken, die den entwässernden Meliorationen früherer Jahre entgangen sind, dienen Wasservögeln als Brutplätze. Zwergtaucher, Teichhühner, Stockenten, Wasseramseln, Fischreiher und gelegentlich auch der seltene Eisvogel bevölkern die Flußufer. Zwischen Wasserstetten und Buttenhausen liegt eines der wenigen noch erhaltenen Riedwiesengebiete der Schwäbischen Alb. Sein Grundwasserspiegel liegt hoch, und das Gefälle des Flusses ist sehr gering. Rund 170 Pflanzenarten wachsen auf den feuchten Böden. Damals, nach dem Zweiten Weltkrieg, war auch an dieser Stelle der Fluß zur Erhöhung der landwirtschaftlichen Produktion begradigt worden. Heute versucht man, durch Renaturierung der trockengelegten Flußschleifen, durch den Erhalt von Überschwemmungsflächen und die traditionelle Nutzung der Streuwiesen ein Biotop für die Tiere und Pflanzen einzurichten, die keine Rückzugsgebiete mehr finden. Überhaupt sind das Land und die Gemeinden zunehmend bemüht, schützenswerte Gebiete vor unverantwortlichen Eingriffen zu bewahren.

»Bichishausen liegt, sehr romantisch, auf der rechten Seite der Lauter, hat eine gut gebaute und freundliche Kirche. Die Lauter treibt hier eine Mahlmühle.« (Oberamtsbeschreibung Münsingen, 1912)

Seit Ende 1980 ist das gesamte Tal der Großen Lauter, von der Quelle bis zur Mündung, einschließlich seiner Seitentäler, als Landschaftsschutzgebiet ausgewiesen. Das Überschwemmungsgebiet zwischen Buttenhausen und Anhausen soll künftig auch wasserrechtlich geschützt werden. Zusätzlich setzt das Land eigenen Grundbesitz im Natur- und Landschaftsschutz ein. Im Lautertal sind die 3 Hektar großen Riedwiesen bei Dapfen/Wasserstetten und noch einmal 2,4 Hektar auf der Gemarkung Hundersingen in Landesbesitz.

Es soll jedoch nicht verschwiegen werden, daß Fluß, Talauen und Hänge durch den starken Ausflugsverkehr im Sommer und an Wochenenden arg in Mitleidenschaft gezogen werden. Deshalb besteht das zeitweise Bootsfahrverbot. Im unteren Flußabschnitt, zwischen Anhausen und der Mündung in die Donau, ist Autoverkehr streckenweise nicht möglich. Hier kann das Flußtal nur zu Fuß oder mit dem Fahrrad bereist werden — ein lohnendes Unternehmen. Ob diese Maßnahmen schon ausreichen können, die Große Lauter und ihre Auen als naturnahes Gewässer und Zufluchtsort für vielerorts ausgerottete Pflanzen und Tiere zu erhalten, sollte immer wieder überdacht werden. In jedem Fall sind wir alle gefordert, auch persönliche Konsequenzen zu ziehen in unserem Umgang mit den Resten noch vorhandener Kultur-Naturlandschaft.

Wasserturm bei Dürrenstetten

Bei Dürrenstetten

Bichishausen

Gustav Mesmer, Ikarus vom Lautertal genannt

Bis vor einigen Jahren war es ein gewohntes Bild: Wenn sich an einem steilen Waldweg im mittleren Lautertal einige Menschen angesammelt hatten, die gespannt in Richtung Wald schauten, war dem Eingeweihten schnell klar — Gustav Mesmer, bekannt als Ikarus vom Lautertal, bereitet einen Flugversuch vor. Zuerst schwankend, mit Mühe die riesigen Konstruktionen im Gleichgewicht haltend, kam er seine »Startrampe« heruntergeradelt. Die Tragflächen aus alten Müllsäcken blähten sich im Wind, und das Knarren der Hubschrauberrotoren über seinem Kopf wurde gleichmäßiger. Immer schneller wurde die Fahrt des Flugradbauers am staunenden Publikum vorbei ins Tal.

Ob er je einmal abgehoben hat? »Einmal, eine Handbreit,« erzählt der 1903 in Oberschwaben Geborene mit einem verschmitzten Lächeln. Da hat ihn eine Böe gepackt, als er aus dem Wald herauskam. Diese Art von Flugerprobung hat Gustav Mesmer mittlerweile eingestellt, sein »Hobie« ist ihm aber geblieben. In unzähligen Skizzen und kleinen Modellen hält er seine Ideen fest, die »einmal einen kleinen Flugverkehr von Dorf zu Dorf« ermöglichen sollen. Daran arbeitet der Korbflechter seit über fünfzig Jahren. Damals war er bei Buchbindearbeiten auf einen Artikel in einer Illustrierten gestoßen, der vom Versuch eines Österreichers und eines Franzosen berichtete, mittels eines Fahrrads mit angebauten Flügeln den Boden der Tatsachen zu verlassen.

Gustav Mesmer griff diesen Gedanken auf und zeichnete eigene Fluggeräte, die er aber zu jener Zeit noch nicht realisieren konnte, weil er sich hinter den Mauern einer geschlossenen psychiatrischen Anstalt befand. Dorthin hatte man ihn gebracht, nachdem er in seiner Heimatgemeinde bei einem Gottesdienst eine Predigt gehalten hatte. Beinahe vierzig Jahre hat Gustav Mesmer hinter Mauern verbracht, wegen eines »religiösen Unfalls«, wie er heute sagt. Seit seiner Entlassung 1964 hat er auf der Basis eines Damenrads — »do ka ma besser aufsteiga« — eine große Zahl an Fluggeräten verwirklicht und getestet. »Läuferdrachen« oder »Hubschrauberflugrad« werden mit Pedalkraft bewegt, das »Schwingenfluggerät« oder die »Hochstandschwinge« sind eher dem Vogelflug abgeschaut. Viele Ideen sind an Beobachtungen aus der Natur angelehnt, und so schreibt er auch beinahe bedauernd in seinen Aufzeichnungen: »Es stehen die Menschen draußen in der Natur. Schauen bestaunt die Vögel — groß und klein, wie sie so beschwingt durch die Lüfte schweben. Wird da der Mensch nicht neidisch, hat Gott den Vögeln Schwingen erschaffen und Dir, Mensch, nicht. Er ist doch die Krone des Lebenden. Hat Gott da was vergessen oder ein anderes Ziel vorbehalten?«

Gustav Mesmer hat mit seinen liebevoll farbig angelegten Konstruktionszeichnungen, mit seinen fragilen Flugmodellen und seinen phantastischen Flugapparaten diese Frage für sich beantwortet.

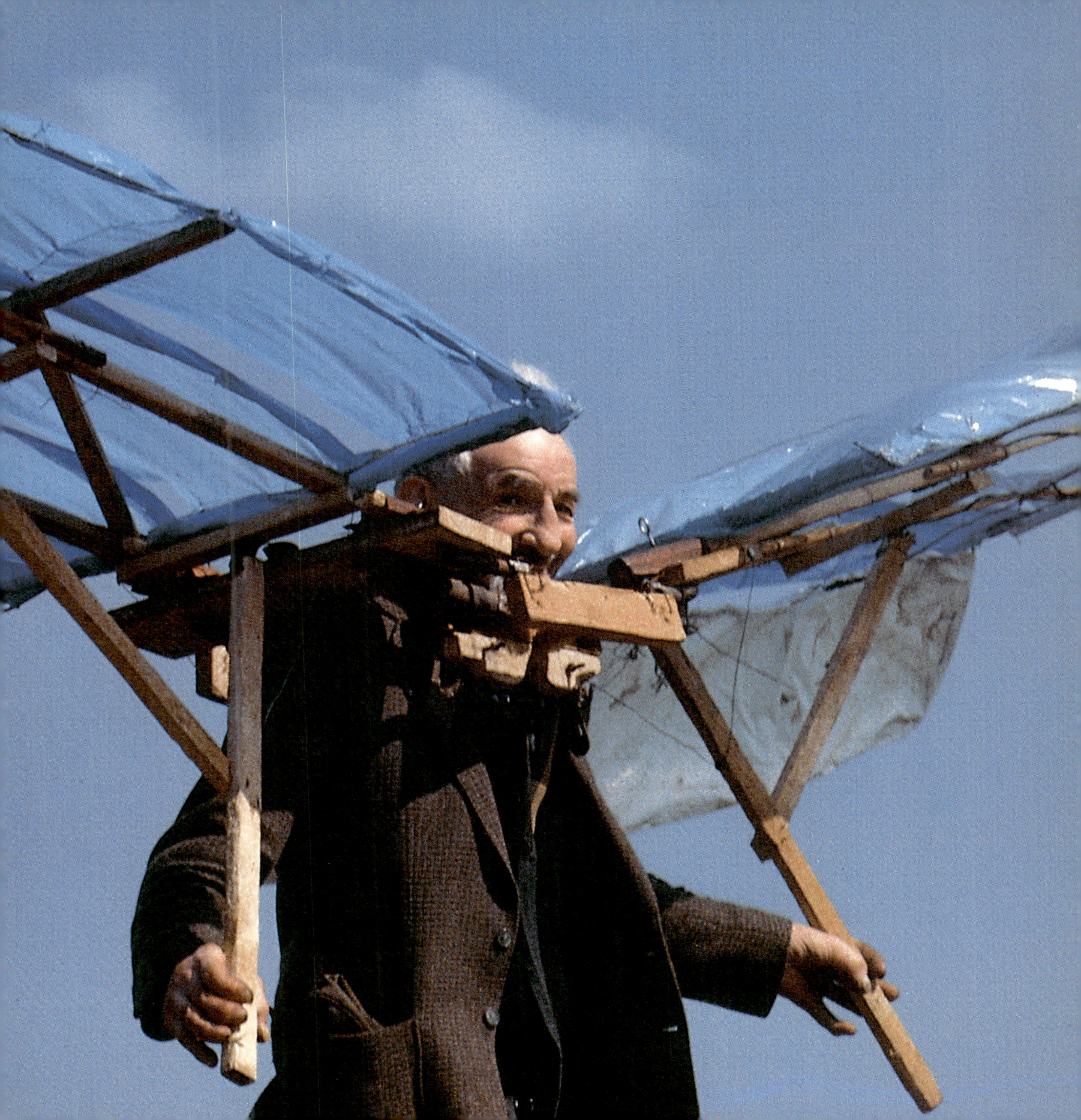

Schafe, wandernde Landschaftspfleger

Es mutet fast schon wie ein Bild aus vergangener Zeit an, einem Schäfer mit seinen Gerätschaften, seinen Hunden und seinen Schafen zu begegnen. Das Bild bekommt allerdings auch auf der Schwäbischen Alb zunehmend Seltenheitswert. Chemiefasern, Baumwolle sowie die billigere und qualitativ angeblich bessere Schafwolle aus überseeischen Ländern wie Australien, Neuseeland, Argentinien oder Südafrika haben die Nachfrage nach deutscher Schafwolle zurückgedrängt. Dazu kommt, daß die modernen Maschinen und die entsprechenden Anbau- und Erntemethoden in der Landwirtschaft — Mähdrescher, rentable Sorten, Dünger, Herbizide, Pestizide, Fungizide und auch die Flurbereinigung — den Schafherden zunehmend Weideland entzogen haben und immer noch entziehen. Vom Bedarf der Menschen nach immer mehr Grundstücken für ihre Siedlungen, Fabriken und Straßen soll gar nicht geredet werden.

Im Bundesgebiet werden täglich immer noch über 100 Hektar Freifläche versiegelt, insbesondere landwirtschaftlich genutzte Böden. Dies entspricht ungefähr der Größe von hundert Fußballplätzen. Landauf, landab kennzeichnet dies den Weg, an dessen Ende von den 29 Millionen Schafen, die es 1871 noch im Deutschen Reich gab, heute nur noch 1,3 Millionen übrig sind.

Die 260 000 baden-württembergischen Schafe werden heute noch zu etwa 70 Prozent in Wanderschafherden gehalten, die meisten auf der Alb. Als Schafrasse hat sich hier das marschtüchtige und wetterunempfindliche Merinolandschaf durchgesetzt, eine Kreuzung aus dem genügsamen württembergischen Landschaf und dem wegen seiner seidigen Wolle begehrten spanischen Merinoschaf. Zu den Schwierigkeiten der Einkreuzung dieser Rasse schrieb gegen Ende des 18. Jahrhunderts ein Albpfarrer: »Die störrischen Bauern widersetzen sich beharrlich der Einkreuzung von Merinoschafen; sie wollen fürderhin Wolle erzeugen so dick wie Roßhaar.«

Wanderschafhaltung ist in Deutschland ein typisch süddeutsches Phänomen. Im wesentlichen ist sie zurückzuführen auf die starke Zersplitterung und die geringe Flächengröße des landwirtschaftlichen Eigentums infolge der vorherrschenden Realteilung. Denn Realteilung bedeutet eine gleichmäßige Verteilung des Eigentums auf alle Erben, von denen dann jeder nur wenig erhält. Kaum ein Schafhalter auf der Alb besitzt genügend eigene Grundstücke, um all seine Tiere zu ernähren. Er ist zusätzlich auf die Felder und Wiesen der Bauern sowie die Grundstücke der Gemeinden und des Staates angewiesen.

Der Truppenübungsplatz auf der Münsinger Hardt (Hart) ist eines der letzten großen, zusammenhängenden Heidegebiete der Alb und bei den Schäfern sehr begehrt. Leider hat diese Heide jahrzehntelang, bis auf den heutigen Tag, schwere Kettenfahrzeuge und explodierende Granaten über sich ergehen lassen müssen. Die friedlich grasenden Schafe passen so gar nicht auf dieses Übungsschlachtfeld.

Abseits der Münsinger Heideflächen, bei den seßhaften Bauern, sind die Tiere allerdings keine gern gesehenen Gäste mehr. Diese Zeiten sind anscheinend vorbei. Der Kunstdünger ersetzt den ehemals gefragten Dung aus den Pferchnächten immer noch. Zu der Knappheit an eigenen, beweidbaren Flächen kommen im Winter die Kälte und die harte Schneedecke der Alb, die alles Grünfutter zudeckt, unerreichbar macht. Die Fütterung mit Heu schmälerte die ohnehin schmalen Erträge aus der Schafhaltung. Die Schafbesitzer sind geradezu gezwungen, ihre Tiere auf Wanderschaft zu schicken: in die wärmeren Gefilde am Bodensee, in der Rheinebene oder in der Pfalz. In der Regel tun sie dies mit einem angestellten Schäfer, der dann mit den Tieren Entfernungen bis zu 300 Kilometer zu Fuß zurücklegt. Der moderne Schafhalter, der es sich leisten kann, transportiert seine Tiere heute allerdings auch schon mit dem Lastkraftwagen auf ihre jeweiligen Winter- oder Sommerweiden.

In den Sommermonaten stehen die Schafherden auf der Alb. Im Gebiet der Großen Lauter werden noch 2 Herden

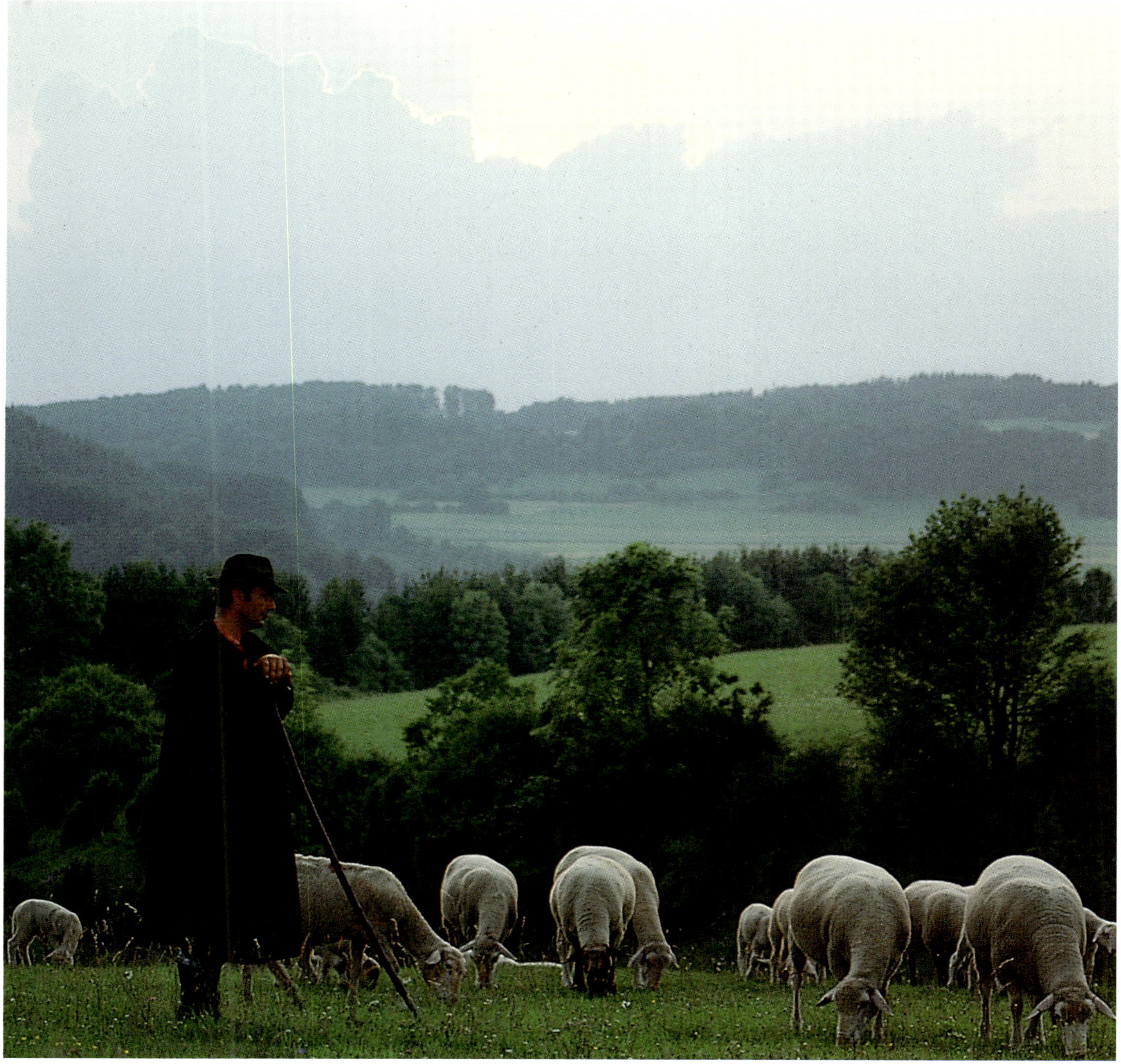

mit insgesamt etwa 500 Muttertieren gehalten. Die Schafe beweiden vor allem die Steppenheiden im Pfaffental, westlich von Wasserstetten, am Südhang des Ehestetter Tals bei Schloß Derneck und im Haupttal selbst an vielen Süd-, Südost- und Südwesthängen. Die südexponierten Hanglagen sind sozusagen ihr Spezialgebiet.

Das Lautertal, ja die gesamte Schwäbische Alb, verdankt den Schafen ihre markanten, mit Wacholderbüschen besetzten Hänge und Steillagen mit ihrer Artenvielfalt in Flora und Fauna. Das besondere Bild der Wacholderheide kann weder durch menschliche Arbeitskraft noch durch Technik entstehen, sondern einzig und allein durch die Schafbeweidung. Klar zu sehen ist dies vor allem an den Hängen bei Dapfen und zwischen Wasserstetten und Buttenhausen. Die Schafe sind die wandernden Landschaftspfleger der Alb.

»Mit dr Flurbereinigung send viele Häng' und Hecke under d'Planierraup' komme. Domit ischt net nur d'Waidefläch' für ons Schäfer z'ruckgange, sondern au dr Onderschlupf für so manch's Tierle kaputtg'macht worre.« (Raach, S. 16)

Ein Wald, wie er sich verstärkt wieder auf den unbeweideten Heiden ansiedeln würde, hätte längst nicht die Artenvielfalt und vor allem nicht die besonderen Arten, die auf einer Heide vorkommen. Denn unter dem Blätterdach von Büschen und Bäumen gedeihen hier weniger Kräuter und Gräser als im Sonnenlicht der Magerrasen. Bis zu 70 Gefäßpflanzenarten wurden hier schon auf einer Fläche von nur 25 Quadratmetern gezählt. Pflanzen und Tiere, die in der letztlich von den Menschen und seinen Schafen so geformten karstigen Alblandschaft siedeln, sind an die trockenen, lichten Bedingungen angepaßt. Den Schutz vor Verbuschung und Bewaldung gibt ihnen vor allem der »scharfe Biß« und der »goldene Tritt« der Schafe.

Diese fressen selektiv. Alles was gut schmeckt, nicht giftig ist und keine Dornen und Stacheln hat, wird tief verbissen, der Rest bleibt stehen. Zu diesem Rest gehören auch die markanten Wacholderbüsche, neben Fichten und Waldkiefern, Schlehen, Weißdorn und Wildrosen, Ginster, Disteln, Thymian-Arten und vielen anderen Gewächsen. Der Schaftritt, der den Boden nur gering verdichtet, aber aufreißt, bietet gleichzeitig vielen Flugsamen Gelegenheit, sich niederzulassen und Wurzeln zu schlagen.

Wichtig für den Erhalt der typischen Alblandschaft und ihrer Artenvielfalt ist das ausgewogene Verhältnis zwischen Beweidung, Liegenlassen und der Mahd und Pflege durch den Menschen. Im Spätherbst sind die Weiden der Alb als Futterplätze erschöpft. Die Suche nach den Winterquartieren ist allerdings längst eingeleitet und die Genehmigungen der Orte, die auf dem Weg dorthin durchzogen werden sollen, sind eingeholt. Der lange Marsch von der Alb kann beginnen. Die Schafe aus dem Lautertal werden im November in die Gegend von Saulgau getrieben.

Die Ursachen für den Rückgang der Wanderschäferei sind vielfältig: Da sind zum einen die erzielbaren Preise von unter einer Mark (!) für das Kilo Wolle. Die Erträge aus dem Wollverkauf machen etwa zehn Prozent der Einkommen der Herdenbesitzer aus. Der weitaus größte Teil der Erträge rührt aus dem Verkauf des Schaffleisches. Zum anderen ist da die Mühsal der Schafhaltung auf der Alb.

Eichhalde bei Buttenhausen

Für die Schäfer bedeutet sie die Siebentagewoche und lange, entbehrungsreiche Wanderungen, alles für reichlich wenig Geldlohn. Auf ihrem Weg zu den Futterplätzen stehen ihnen die Errungenschaften unserer Zivilisation in Form von Siedlungen, Fabriken, Straßen im Weg, lassen ihnen einfach kein Durchkommen mehr. Dazu gesellen sich bürokratische Hemmnisse in jeder Gemeinde, deren Boden betreten wird. Nicht zuletzt erschweren auch die Bauern am Wegrand das Leben von Schäfer und Schaf. Die seßhaften Landwirte empfinden den Schäfer und seine Herde vorwiegend als lästig. Auf den Dung dieser herumziehenden Gesellen fühlen sie sich längst nicht mehr angewiesen.

Die Zukunft für eine wirtschaftliche Schafhaltung auf der Schwäbischen Alb sieht nicht rosig aus. Schon kursiert aber etwa auf der Schopflocher Alb die Forderung, auf Kosten der Gemeinden, die über Wacholder- oder Steppenheideflächen verfügen, Schafe anzuschaffen. Wie könnte sich Vergleichbares im Großen Lautertal auswirken, wo liegen hier Kosten und Nutzen für die Allgemeinheit? Sicher ist, wir müssen etwas tun, wenn wir uns weiter am Anblick von Schäfern und Schafen auf Wacholderheiden erfreuen wollen.

Von Indelhausen übers Tal bis Derneck und Hohengundelfingen

Anton Geiselhart:
liebevoll geehrt und fortgeführt

Hansjörg Geiselhart, Chef der renommierten Reutlinger Malerbetriebe Anton Geiselhart mit angegliedertem Atelier für Baugestaltung, ist kein Mann lauter Töne. Wenn er von seinem Vater erzählt, schwingen Bewunderung für dessen künstlerisches und unternehmerisches Geschick mit, ohne den berechtigten Stolz auf die eigene Arbeit in weiterführende künstlerisch-handwerkliche Bereiche zu unterdrücken. Ein paar Daten aus Anton Geiselharts Leben zu Beginn, sie sollen die über seinen Tod 1973 hinaus zukunftsweisende Entwicklung seiner Arbeit belegen: Aus einer Bauernfamilie von der Schwäbischen Alb stammend, 1907 in Reutlingen geboren, ging er ab 1921 in Pfullingen in eine Malerlehre. Darüber hinaus wurde er durch seinen Vormund, den Lederfabrikanten Richard Silber, gefördert. Der ließ das künstlerische Talent des Jungen mit harter Arbeit verbinden. »Jeden Tag bringst Du ein Bild, mindestens eine Skizze...«, wird darüber berichtet. Nach gründlicher künstlerischer und handwerklicher Ausbildung und der Meisterprüfung gründete er 1934 in Reutlingen eine Malerwerkstatt. In dieser Zeit war er schon jahrelang mit HAP Grieshaber befreundet. Bald kam der gewisse Pfiff in die normale Auftragsarbeit, weil Anton Geiselhart von Anfang an in vielfältigsten Varianten seine Ideen von Kunst am Bau und der Gestaltung ganzer Stadtteile verwirklichen konnte.

Sichtbar ist das an zahlreichen Sgraffiti, bemalten Fassaden, aber auch bunten Glasfenstern und vor allem an Betonreliefs: in und um Reutlingen, im Lautertal, auf der Albhochfläche, an Häusern, Schulen, Kapellen, Kirchen. 1936 erwarb er das Anwesen in Gundelfingen, das damals ein Bauernhaus war, und baute es zum heutigen Atelier aus. Um 1960 zog er sich aus dem aktiven Geschäft mehr und mehr zurück. Mit seiner Tätigkeit als Farbberater für die Industrie hatte er bereits allerbeste Grundsteine für das heutige Atelier für Baugestaltung gelegt. Als nunmehr freier Künstler entfaltete Anton Geiselhart eine ungeheure Schaffenskraft — bis ins Krankenbett kurz vor seinem Tod. In jenen Jahren entstanden großformatige Bilder und quasi als Vermächtnis die kranke und die heile Welt in dem Relief der *Gundelfinger Wand*.

Für Hansjörg Geiselhart stand das Hineinwachsen in den väterlichen Betrieb nie in Frage. Unter seiner Führung wurde das Unternehmen wesentlich erweitert. Mit der Gründung des Ateliers für Baugestaltung führt er das künstlerische Erbe von Anton Geiselhart fort. Er wird darin nach eigener Aussage ideal unterstützt durch seine Schwester, deren Talent sich vielfältig äußert. Monika Geiselhart gilt als Künstlerischer Kopf des Ateliers. Ein neues Zeichen ihrer künstlerischen Arbeit ist die schöne Bronzestatue des Schneckenhändlers auf der Lauterbrücke zu Indelhausen-Weiler.

Ein weiteres Betätigungsfeld von Hansjörg Geiselhart — außer der Kunstförderung mittels zweier Galerien — ist die Dorfentwicklung: Ein guter Start gelang 1975 in Ödenwaldstetten, es folgten viele weitere Gemeinden im Lautertal, auf der Schwäbischen Alb — ja, in ganz Baden-Württemberg.

Hansjörg Geiselhart vergißt nie, woher er stammt: Sein Wunsch ist es, daß mit aus der Natur — speziell der Alb — stammenden Materialien auf der Alb gebaut und gestaltet wird. Dazu harmonisch abgestimmte Farben; dann haben Kunststoffe oder Asbestplatten an Bauwerken in unseren Albdörfern nichts mehr zu suchen.

Seine Ideen — und die Arbeit seines Planungs- und Gestaltungsteams reichen mittlerweile über die reine Baugestaltung weit hinaus. Alles, was mit der Dorfentwicklung im Zusammenhang steht, EG-Landwirtschaft und extensive Bewirtschaftung, Landschaftspflege und -gestaltung, Fremdenverkehr und Tourismus, Arbeitsplätze im ländlichen Raum und nicht zuletzt die kulturelle Entwicklung müssen dazu beitragen, daß unsere Alb und das Lautertal lebens- und liebenswert bleiben oder wieder werden. Das haben sich Hansjörg Geiselhart, sein Team und die zukünftige Stiftung Anton Geiselhart zum Ziel gesetzt.

Anton Geiselhart: Mühle im Tal, 1972

Das untere Tal

Reine Naturidylle!?
Friedhelm Messow

Was Theodor Engels Beschreibung des untersten Talabschnitts hervorhebt, schätzen wir heute ebenso. Es gibt hier durchaus Stunden und Tage, die solch einsame Stille bescheren. Doch wird man vom Menschen gänzlich unbeeinflußte Natur auch von Indelhausen und Anhausen bis zur Donau schwer finden. Aber eine kleine Runde über die Burghalden zu den Gerberhöhlen genügt, um die Unterschiede zum Oberlauf des Tales aufzuspüren. Vom Westrand des Ringwalls Althayingen schweift der Blick noch zurück über Indelhausens Kirche zur Burg Derneck und Ruine Hohengundelfingen. Das Tal ist sichtlich gut erschlossen. Keine Viertelstunde später wird dieser Eindruck jäh unterbrochen: Ein paar Schritte sind es nur an den Rand der Felswand über dem engen Fichteltal, wie man den untersten Teil des langen Hayinger Tals auch nennt. Klein und knorrig eine Eiche hart am Abbruch, zwei, drei Kiefern klammern sich mitten in der Wand auf schmalste Bänder. Steinbrech wächst hie und da auf fast nacktem Kalk, Flechten leuchten gelblichgrün. Die Maisenburg scheint gegenüber zum Greifen nah. Ohne die Stufen im Fels wäre der steile Weg hinab zu den Höhlen fast eine Kletterpartie. Verständlich, daß sich hierher Menschen schon vor unserer Zeitrechnung gelegentlich zurückzogen. Eine kaum bewachsene Kalkschutthalde unter den Höhlen zeigt, wie unfertig die Landschaft örtlich doch ist. Und zehn Minuten später zurück im Lautertal hat uns die Zivilisation wieder.

»Keine Straße, kein Dorf, kein Gasthaus begegnet uns bis Lauterach, umso wohltuender aber wirkt gerade diese völlige Abgeschlossenheit von allem Verkehr auf das Gemüt, und der Wanderer geht gerne den schmalen Fußpfaden nach, die durch eine wahre Felsen-, Wald- und Wasserwildnis geleiten, welche das untere Lauterthal kennzeichnet.« (Theodor Engel: Unsere Schwäbische Alb, 1900)

Die zeitigt indes eine angenehme Form heutigen Komforts: große Gasthöfe, gutes Essen, ein ganzes Feriendorf in Hayingen und viele Privatvermieter in allen Orten. Manchmal ist auch das letzte Bett belegt, dann hilft nur ein Ausweichen zwanzig, dreißig Kilometer weiter. Viele suchen heute das, was früher als abgeschieden galt. So ist man an schönen Tagen auch dann selten allein, wenn der letzte Parkplatz in Anhausen längst weit weg liegt. Nur wer »Fantasyland« mit »Märchengarten« braucht, kommt im unteren Lautertal nicht auf seine Kosten.

Ich denke, das braucht niemanden zu stören. Denn die Natur hat auf kleinem Raum allerhand zu bieten, genug für viele Tage in allen Jahreszeiten. Ganz legal und auch an heißesten Tagen sehr erfrischend ist ein Bad in der Lauter gleich bei Anhausen. Nicht ganz so klar, ob erlaubt oder nicht, ist das noch beliebtere Bad im Gumpen unter dem Hohen Gießel. Solange die Erfrischungssuchenden aber von den eigentlichen Kaskaden wegbleiben, ist gegen diese herrliche »Naturbadewanne« nichts einzuwenden. Vergessen wir aber nie, welch wertvolles Naturdenkmal der Wasserfall ist: Ganz langsam findet hier die Kalktuffbildung wieder statt, nachdem ungeübte Bootsfahrer oft alles, was in Monaten von diesem weichen Kalk sich anlagerte, mit einer Bodenberührung weggeschrammt hatten. Und mit etwas Geduld läßt sich die Wasseramsel beobachten, wie sie sich bei ihrer Unterwasserjagd wieder und wieder in den rauschenden Wasserfall stürzt.

Zwischen Anhausen und Unterwilzingen verliert die Lauter Wasser über Klüfte an den Untergrund. Färbeversuche ergaben einen Weg: Im Braunsel westlich Rechtenstein, der starken, klaren Karstquelle am Rand des breiten Donautals, tritt auch Lauterwasser zutage. Ein Abstecher dorthin, vorbei an den unglaublich hoch gelegenen Hochwassermarken der Donau am Fuß des Hochwartfelsens, im Zuge einer Runde über Obermarchtal lohnt immer.

Meist durchziehen das Lautertal von Anhausen bis Unterwilzingen nebeneinander zwei Wege. Der Fahrweg zieht bisweilen ganze Gruppen von Radlern magisch an. Gleichmäßig dahinrollend und von einem herrlichen Blick zum nächsten um zahlreiche enge Biegungen, das läßt sich

Rathaus in Indelhausen, eine ehemalige Mühle

kaum übertreffen. Und doch entgeht einem so vom Tal aus einiges. Zu Fuß mal unten im Tal, mal oben über die Flanken und Höhen auf dem kleineren, oft felsdurchsetzten Pfad sind viele lohnende Abstecher möglich.

Da wäre einmal der atemberaubende Tiefblick von der Ruine Wartstein, deren Reste sich — einem übergroßen Hohen Gießel gleich — über mehrere Felsstufen erstrecken. 1495 schon ist die einst gewaltige Burg trotz ihrer uneinnehmbar wirkenden Spornlage zerstört worden, gleichzeitig mit dem unweit liegenden Monsberg. »Das usgebrannte Sloß« wurde durch Albrecht von Bayern am 3. Februar 1508 an Graf Eitel Friedrich II. von Zollern übertragen, wechselte aber bereits 15 Tage später den Besitzer: Hans Speth von Granheim. Doch auch er behielt das Gemäuer nicht lang — charakteristisch für die meisten Lautertalburgen.

»Senkrecht fällt der Untergrund in die schaurige Tiefe ab. Und das dort drüben im Nordwesten, ein starkes Stockwerk höher als der Monsberg, eine stattliche Ruine, das ist der Wartstein. Da sollen wir noch hinüber und hinauf? Gar nicht denkbar! Und doch ist das so leicht, daß auch Damen dieses Unternehmen wagen können.« (W. Hinderer, 1899)

Sehr schön läuft sich der Bogen durch lichten Wald hinüber zur Ruine Monsberg. Deren Reste gelten unter Burgenforschern als bedeutend, unter hohen Bäumen wirken sie aber auf den ersten Blick eher bescheiden. Ein wenig zu stöbern, wird belohnt. Gibt es doch noch ein Stück eines Gewölbekellers oder den eckzahnförmigen Mauerrest vom ehemaligen Wohnturm. Steil hinunter ins Tal und — ganz gleich, auf welcher Seite — zurück nach Anhausen, das wäre ein Weg. Mehr vom Lautertal, von seinen Seitentälern und umgebenden Höhen erfahren Ausdauerndere jedoch, wenn sie sich für Umwege über Hayingen oder auf der anderen Seite über den Hülbenhof entscheiden.

Am gern benutzten Rastplatz Wartsteinbrücke zeigt sich noch einmal der Wartstein weit oben. »Wartsteinblick« verheißt nach kurzem, steilem Anstieg Richtung Hayingen der Hinweis auf einen Aussichtspunkt. Es stimmt und ist doch eigenartig, weil die mächtige Ruine plötzlich ein paar Meter tiefer als der Standpunkt liegt. Das obere Bärental, ein nahes Trockental, erinnert wie das Wolfstal weiter östlich an die wilde Tierwelt vor wenigen hundert Jahren.

Zum Schluß entlang der Straße nach Hayingen dürfen wir uns ins Gedächtnis rufen, was Gustav Schwab ironisch über das Städtchen dichtete »... niest einmal die Schildwacht/An deinem obern Tor,/Gleich hallt ein helles Prosit/ Von untersten empor.« Nun, ganz so klein wird es auch vor einem Jahrhundert nicht gewesen sein, aber die weite Entfernung zur Bahn nach Rechtenstein machte den Hayingern lange zu schaffen. Im 13. Jahrhundert durch die Gundelfinger gegründet, erkennt man bis heute die planmäßig rechteckige Anlage. Wichtige Handelsstraßen kreuzten sich hier, und so verwundert es nicht, daß es außer einem regen Marktleben ein richtiges Handwerkerviertel gab. Die Straßennamen im südlichen Teil der Stadt künden davon. Sogar eine der Fuggerei vergleichbare Einrichtung, das Spital, ist erhalten. Als die Gundelfinger

Bei der Wartsteinbrücke

Hoher Gießel

Linien eine nach der anderen ausstarben, folgten unter den Helfensteinern und Fürstenbergern für Hayingen schwierige Jahrhunderte. Heute floriert die Stadt durch Gewerbe und viele Gäste.

Das Hayinger Tal, wo sich auch das Naturtheater findet, zieht sich in zahlreichen Windungen bis nach Anhausen. Dort angelangt, könnten wir wohl leicht der Kapitelüberschrift zustimmen; nur mit dem Zusatz: »ja, aber ...« Denn erst seitdem das Lautertal Erholungsschwerpunkt ist, stehen die Trümpfe der natürlichen Umgebung, aber auch Probleme mit ihrer Erhaltung, so sehr im Vordergrund.

Früher war das ganz anders. In Indelhausen und Anhausen war das oftmals straffe Regiment der Grundherren gut zu spüren. Alles, was die Leute anfingen, unterlag der Abgabepflicht. Ganz egal, ob als Zehnter, als Besthaupt, als Fronbrot, nichts Erarbeitetes gehörte einem ganz allein. Und dies ging lange so, denn erst 1817 wurde die Leibeigenschaft abgeschafft, und 1852 konnten sich die Indelhauser loskaufen, allerdings um den Preis 22jähriger Schuldbegleichung an das Königliche Kameralamt in Zwiefalten. Aber sie durften jetzt auf eigene Rechnung wirtschaften. Nur reichte die Existenzgrundlage für kleinere Landwirte nicht immer. Man sah sich nach Nebenerwerb um, betrieb den Schneckenhandel, die Köhlerei, ging Hausieren, verkaufte Wacholderholz, webte Flachs und Hanf.

»In Anhausen beziehen den Zehnten, den großen der Fürst von Thurn und Taxis und der Grundherr, den kleinen und den Heu- und Grundzehnten der Fürst Taxis, die Pfarrey Hayingen, die Heiligenpflege daselbst und die Pfarrey Erbstetten.« (Oberamtsbeschreibung Münsingen, 1825)

Als 1889 eine Eisenbahn durch das Lautertal geplant wurde, sprachen sich die Indelhauser geschlossen dagegen aus. Wäre sie gebaut worden, ob sie dann heute wiederbelebt würde, um den Gästen eine Attraktion mehr zu bieten?

Anhausen drohte in seiner frühen Geschichte sogar unterzugehen. Nicht im Wasser der Lauter — das steht in beiden Dörfern nur noch selten hoch —, sondern Ende des 13. Jahrhunderts zugunsten des florierenden landwirtschaftlichen Großbetriebs Altmannshausen. Das Kloster Salem hatte ihn auf der Höhe Richtung Granheim — wo heute der Hülbenhof steht — eingerichtet, mußte sich aber stets der umliegenden Grundherren erwehren. Salem erwarb in Anhausen 1268 einige Güter, 1282 Wartstein, 1291 die Burghalden. Erst 1329 mit dem Verkauf von Altmannshausen an die Herren von Stadion war die Gefahr beseitigt, daß das hochwassergefährdete Anhausen aufgegeben worden wäre. Jetzt wurde das Dorf Zubehör der Schülzburg.

Zwei markante Köpfe sollen noch erwähnt werden: zunächst Tiberius Fundel, der »Bere« oder auch »König vom Lautertal«. 1892 in Neuburg an der Lautermündung geboren, wurde er schon in jungen Jahren ob seiner Direktheit zu allen Leuten berühmt. Sein Lebenswerk war die langjährige Geschäftsführung der Indelhauser Genossenschaftsmühle. Er verteidigte sie auch im Dritten Reich zäh gegen nationalsozialistische Übergriffe. 1952 wurde er in den Landtag gewählt und hatte mit seinen nicht zu häufigen, stets aber originellen Reden sowie wohlüberlegten Anträgen immer großen Erfolg. Sechzehn Jahre saß der »Bere« in Stuttgart, ein erfolgreicher Anwalt seiner Bauern im Lautertal. — Martin Schleker sen., Freund Tiberius Fundels, hat ihm in seiner 1968 erschienenen Kurzgeschichte »Als der Bere noch ein Lausbub war« allerhand kernige Sprüche und Überlegungen in den Mund gelegt. Auch sonst geht auf den Vater des jetzigen Chefs vom Hayinger Naturtheater vieles zurück, was sich mit der nächsten Umgebung und ihrer Geschichte oder dem, wie sie hätte verlaufen können, befaßt.

Tiefblick vom Wartstein

Naturtheater Hayingen: Geschichte zum Anfassen

Über vierzig Jahre besteht das Theater schon im Hayinger Tiefental, das zwischen der Gerberhöhle und der Ruine Maisenburg ins Lautertal mündet. Schönste Umgebung malerisch zwischen Felsen, eine steile, überdachte Holztribüne für rund 1400 Menschen und jenseits des Fahrwegs im Talgrund die Bühnenaufbauten. Besonders bei voller Besetzung ist das Gefühl auf den Zuschauerrängen stark, man sei den Schauspielern ganz nahe.

Herz des Ensembles ist Martin Schleker, seit dreißig Jahren Bühnenprofi. Die Eltern, Elisabeth und Martin Schleker sen. waren die Triebfedern bei der Gründung und beim Aufbau des Hayinger Naturtheaters. 1949 feierte die kleine Stadt ihr 700jähriges Bestehen. Der Vater schrieb damals das erste Stück für die Bühne: »Die Orgelmacher«.

Die vier Söhne Martin, Manfred, Heinz und Peter wuchsen mit dem Theater auf, und ihre Familien sind nun auch dabei, so wie viele Hayinger Familien. Es gibt kaum ein Haus im Städtchen, aus dem nicht schon mal jemand mitgespielt oder an den Kulissen mitgebaut hätte.

Was an den Hayinger Stücken besticht: Lokale historische und aktuelle allgemein politische Ereignisse werden in den Handlungsablauf eingeflochten. Klar, daß dabei die Auslegung ein wenig anders ausfallen kann, als sie sich in den üblichen Geschichtsbüchern findet.

In den Proben und erst recht bei den Aufführungen reißt Martin Schlekers voller Einsatz alle mit. Es macht Spaß, sein schauspielerisches Feuer zu verfolgen, es steckt das Ensemble und die Zuschauer gleichermaßen an. Und die kommen in hellen Scharen. Allenfalls zu Anfang der jährlichen Spielzeit kann es vorkommen, daß die Ränge nicht ganz voll besetzt sind.

So reichen die Eintrittsgelder jedenfalls noch jedes Jahr für die laufenden Unkosten — und für das Dach über den Zuschauern, das eine halbe Million Mark verschlang! Auch ein Jahresausflug für das ganze Ensemble läßt sich finanzieren; 1991 zum Beispiel zum Rhein-Main-Donau-Kanal. Der stand nämlich Pate für die Idee im jüngsten Stück vom »Rhein-Neckar-Erms-Lauter-Kanal«. Von dem träumten mit Isidor Reiter noch ein paar andere, auf die große Industrie hoffende Lautertäler —, bis Gottvater Jupiter, der in Isidors Rolle geschlüpft war, persönlich verfügte: »Die Schwäbische Alb wird ein Landschaftsschutzgebiet und alle Älblerinnen und alle Älbler werden vom Staat bezahlte Landschaftsgärtner.« Das liest sich trocken, in Wirklichkeit aber ist es aktuell am Tagesgeschehen und spannend. — Wie befand doch ein Rezensent: »Die mit Abstand beste sommerliche Mundartbühne rund um die Metropole Stuttgart liegt in Hayingen, auf der Schwäbischen Alb.« Und ein anderer bemerkte: »Hayingen, das heißt: alle Jahre wieder Roß und Reiter, Pferdegespann und Kuh und Esel und Musik und Gesang …«

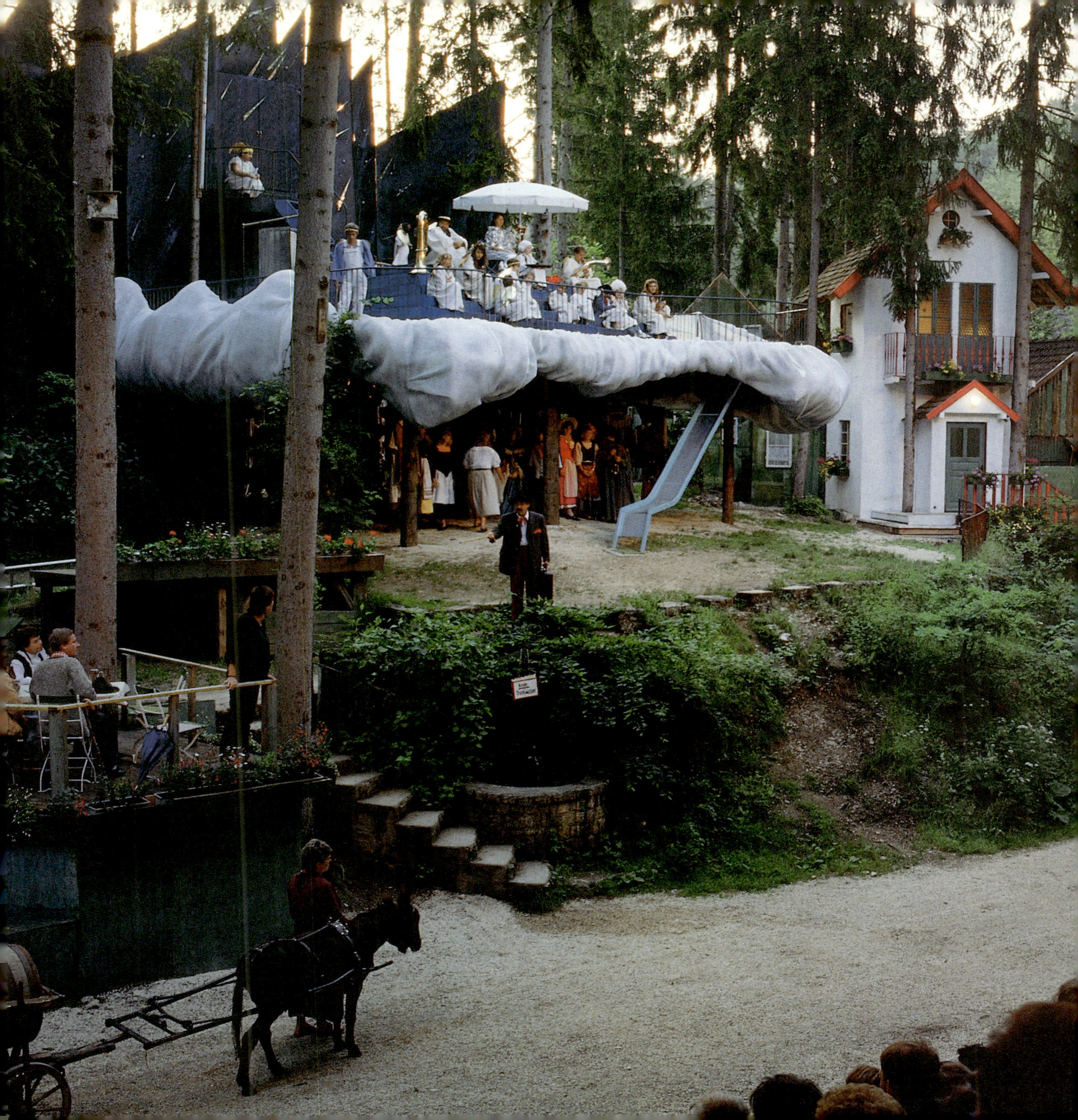

Oberschwaben ist ganz nah

Es klang vorhin schon an, und das versickerte Lauterwasser hat den Weg über die Braunselquelle zur Donau gewiesen: Wir stehen am Rand von Oberschwaben. Wer nun auf der östlichen Seite noch ein Stück vom Lautertal abweichen will, wird sich den Heumacherfelsen nicht entgehen lassen. Lebendige Erdgeschichte macht man sich zunutze, denn der Aussichtspunkt liegt sehr günstig am Randsprung einer Verwerfung der Erdkruste. Was sich als Steilstufe im Gelände von Oberwilzingen bis über Erbstetten hinaus deutlich abzeichnet, beschert einen weiten Blick nach Oberschwaben: Im Vordergrund fällt eine Talweitung auf, an deren Rand Unterwilzingen liegt. Zementmergel heißen die recht weichen Steine aus dem Oberjura, die hier schon, als die Alb unter dem Meeresspiegel langsam aufgebaut wurde, eine weite Schüssel bildeten. Von umgebenden, schneller aufwachsenden Schwamm-Algen-Riffen hergeschwemmter Schutt füllte die Mulde. Etwa 140 Millionen Jahre später hat sich am Verhältnis der beiden Hauptgesteinsarten nicht viel geändert. Noch immer stehen harte Kalkstotzen rings um das geweitete Tal.

Doch die Landschaft erfuhr seither massive Umgestaltungen. Der Fluß sägte über Jahrmillionen seinen Lauf immer tiefer. Als die Bewegungen der Erdkruste sich zum Bruch verstärkten, machte das Wasser mit. Das Gefälle der Lauter ist hier unten, quer zur Lautertalstörung, weitaus stärker als im oberen und mittleren Abschnitt. Sind es von der Quelle in Offenhausen bis Anhausen auf 30 Kilometer Lauf gerade 95 Meter, so fällt sie auf die restlichen 14 Kilometer noch einmal 70 Meter abwärts. Davon bestreiten allerdings der Hohe Gießel und die Stufe bei der Laufenmühle alleine gut 35 Meter. Und es spielt die kräftige Eintiefung der Donau am Südrand der Alb eine Rolle.

Hinter Unterwilzingen, wo die Straße von Erbstetten nach Oberwilzingen das Tal quert, verdeckt der Höhenrücken des Hochberg und von Reichenstein fast den Blick auf die Zwiebeltürme von Obermarchtal. Noch weiter nach Süden schiebt sich der Bussen ins Blickfeld. Der »heilige Berg Oberschwabens« steht mit seiner Kirche auf dem Gipfel sehr markant. Aus fast allen Richtungen gut zu erkennen, sehr beliebt bei Hochzeitspaaren, schreibt man einer Wallfahrt auf den Berg auf kinderlos gebliebene Verbindungen wahre Wunder zu. Oft war ich schon dort oben, alleine, zu zweit, zu zehnt mit anderen berggewohnten Radlern, frühmorgens, in der Abenddämmerung –, doch über Erfolg oder Scheitern solcher zweckgebundenen Reisen kann ich aus meiner Sicht noch nichts berichten.

Von der exzellenten Warte des Heumacherfelsens ist man schnell in Erbstetten. Das Dorf ist eines der am frühesten erwähnten im Umkreis – um 805 in einer Stiftungsurkunde an das Kloster Sankt-Gallen – und liegt günstig gegen Nordwind abgeschirmt in einer langen Mulde. Auch zum Vogelhof ist es nicht weit, einem frühen Aussiedlerhof von 1868/69, der jedoch längst für Jugendsommerlager genutzt wird.

Wir folgen jetzt aber dem Weg von Erbstetten durch das Mariental und gelangen schnell zurück ins Lautertal. Am Rand von Unterwilzingen fällt auf, daß der Fluß auch hier begradigt und zwischen kleine Dämme gesperrt wurde. Doch dann folgt erneut ein berückend schönes Stückchen Tal. Wenige Kilometer kurz nur und so schmal, daß aus einiger Entfernung gesehen – so auch vom Heumacherfelsen aus – zunächst die Frage sich erheben könnte, wo denn nur der Fluß hinfließen soll. Von Oberschwaben keine Spur mehr, im Gegenteil: Eine Alblandschaft par excellence begleitet den überaus kurzweiligen Weg bis zur Laufenmühle. Dichter noch als weiter oben rücken die Felsen an die schmale Aue, die Windungen des Flusses sind eng, nur die Höhe der Kalkwände nimmt deutlich ab. Wir sehen die schönsten Charakterzüge der Alb eigentlich im verkleinerten Maßstab, etwa eins zu zwei.
Noch oberhalb der Laufenmühle, die bereits Anfang des 12. Jahrhunderts bestand, kehrt die Wirklichkeit langsam zurück. Ein Kanal zweigt von der Lauter ab, wird mit einer Brücke über den Flußlauf hin zur Mühle geführt. Die

Vom Heumacherfelsen über Unterwilzingen bis zu Obermarchtals Türmen

Kanalbrücke bei der Laufenmühle

Wolfstal

Märzenbecher

Gefällstufe von weit über zwanzig Metern verdankten die früheren Müller einer starken Kalktuffbildung. Bis in die fünfziger Jahre baute man den beliebten Baustein in der Nähe ab. Auch das Gebäude der Mühle ist weitgehend aus ihm errichtet. Im frischen Zustand weich und gut zu bearbeiten, nimmt mit der Durchtrocknung die Härte zu. Die guten, isolierenden Eigenschaften bleiben, machten den im Vergleich zum Jurakalk sehr jungen Stein so begehrt.

Bärenhöhle im Wolfstal

Ebenfalls in den fünfziger Jahren nahm man im Nebengebäude zur Mühle die Stromproduktion auf. Privat betrieben, werden durchschnittlich 100 Kilowatt am Tag erzeugt, genug Leistung für fünfzig Mal Hauptwaschgang. Die regionale Stromversorgung kauft den Strom ab. Weiter flußabwärts, in Lauterach und kurz vor der Mündung, gibt es noch zwei kleinere Stromproduzenten. Entsprechend der geringeren nutzbaren Gefällstufen gewinnen sie weit weniger Leistung.

Ein schönes Fresko an der Fassade des von Staffelgiebeln geschmückten Mühlengebäudes weist auf die Verwicklung in aufwühlende Ereignisse hin: »Ignaz Reiser, Laufenmüller, Bauernführer 1525« steht geschrieben. Der ehemalige Zwiefalter Klosterschüler und erfahrene Landsknecht kehrte in die heimatliche Mühle zurück und übernahm sie, als der Vater starb. In Erbpacht besaß seine Familie das am Fuße der Burg Reichenstein gelegene Anwesen schon länger. Klug, gebildet, energisch und mit außergewöhnlicher Körperkraft versehen, wurde der freie Mann Ignaz Reiser von den Bauern sofort zum Anführer gewählt. Ob er sich um diese Führerschaft überhaupt so bemüht hat, wissen wir nicht. Jedenfalls wird ihm eine eher gemäßigte Haltung in den folgenden Konflikten zugeschrieben.

»Unser« Teil der Alb war zwar nicht der Brennpunkt des Geschehens. Die großen kriegerischen Ereignisse spielten sich in Oberschwaben, in Franken, in Mitteldeutschland und zuletzt im Gäu bei Stuttgart ab. Doch auch auf der Alb organisierte sich der Widerstand der Bauern. Es ging wie überall gegen die Auspressung durch die Grundherren und die von ihnen auferlegten, vielfältigen Abgaben: Großer Zehnter für alles, was in Weiden gebunden werden konnte; kleiner Zehnter für alle übrigen Früchte; Blutzehnter an Fohlen, Kälbern, Schweinen; jährliche Naturalabgaben: Fastnachtshühner, Halshühner, Leibhühner und so fort; an Geldabgaben: Leibzins, Leibgeld; gesondert zu begleichen waren Weiderechte, Laub-, Streu- und Leseholzsammeln. Frondienste aller Art kamen hinzu, wurden aber nicht nur als bedrückend empfunden.

Laufenmühle

Lauterach

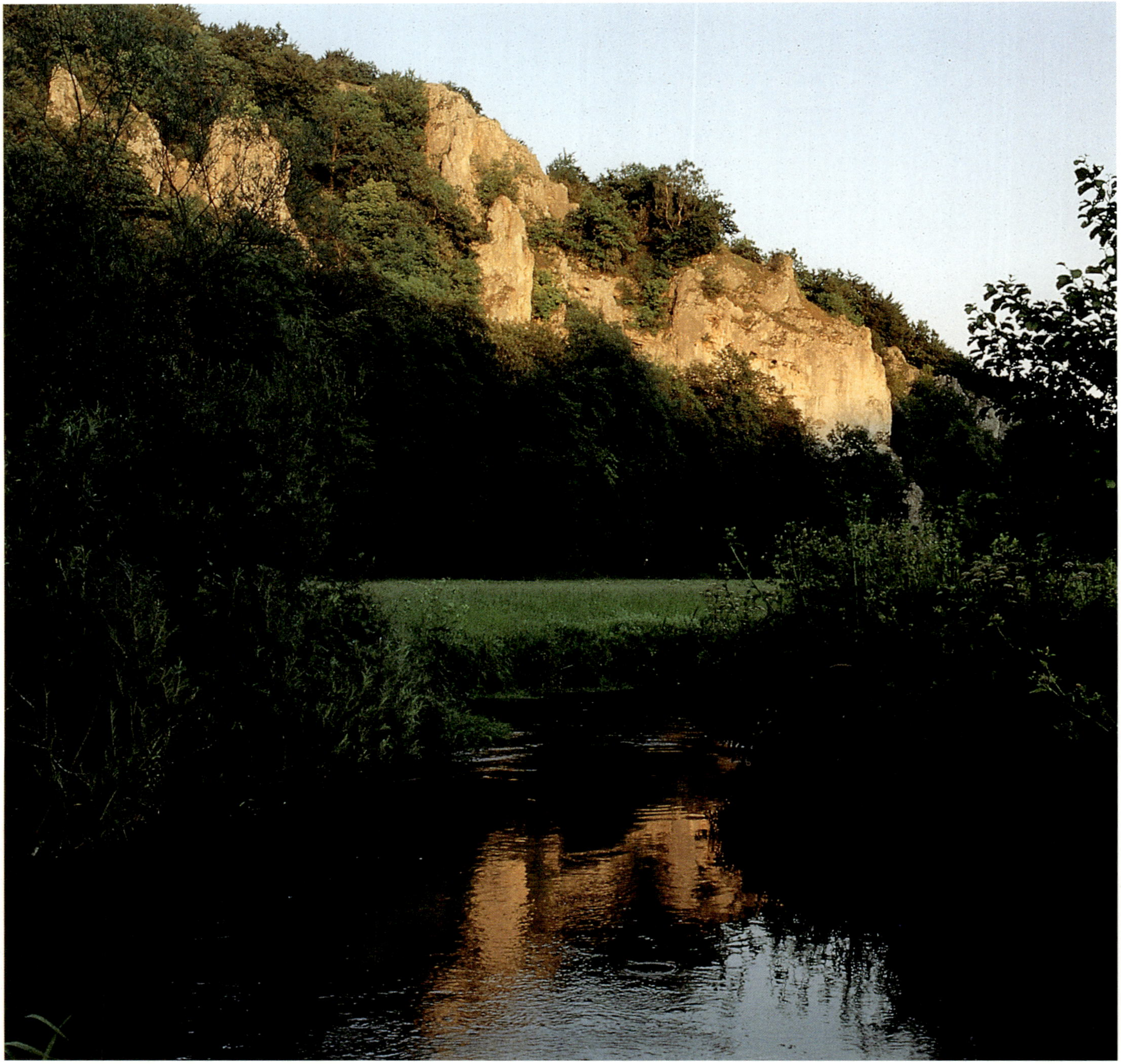

Blick zum Bussen

Lautermündung bei Obermarchtal

In dieser Hinsicht sollen sich die adligen Äbte in nichts von weltlichen Burgenbesitzern unterschieden haben. Einzig dem von Bürgerlichen geleiteten Prämonstratenserkloster Obermarchtal wurde von Franz Rothenbacher ein wesentlich verständigeres Verhalten gegenüber den abhängigen Untertanen zugebilligt.

Im Sommer 1524 versammelten sich im Teutschbuch — oder Tautschbuch —, dem bewaldeten Höhenzug zwischen Zwiefalten und Riedlingen mehrere tausend Aufständische. Die Angaben klaffen weit auseinander, wieviele Bauern es tatsächlich waren. Arsenius Sulger, an anderer Stelle schon zitiert, nennt wohl die höchste Zahl.

»Es klingt unglaublich, mit welcher Schnelligkeit dieses unsinnige Gebaren der Treulosen gleich einem Blitz durch ganz Deutschland fuhr. Zu eben dieser Zeit waren diese kriegslustigen Feinde auf unserem Berg Teutonicus — gewöhnlich Teutsch-Buch genannt — 12000 an der Zahl zusammengekommen.« (Arsenius Sulger, Zwiefalten 1525)

Gleichwohl, ob zweitausend oder zwölftausend, das Kloster Zwiefalten wurde gestürmt und geplündert. Und danach? Burg Reichenstein wurde durch die Bauernkrieger 1525 sicher zerstört. Nur der Bergfried der ehemals kleinen Burg steht heute rekonstruiert da. Allerdings gilt der Abschluß nach oben als nicht besonders geglückt. Und Ignaz Reiser wurde nicht sehr lange nach dem Sturm von Reichenstein samt seiner Leibwache in der Nähe der Laufenmühle überfallen und getötet. Die Mühle ging in Flammen auf.

Oft kann man auch lesen, das Bauernheer sei von Zwiefalten direkt weiter zur Burg Hohengundelfingen gezogen. Dort sollen alle maßgeblichen Herren der Umgebung sich verschanzt haben. Unter Umständen war die Burg aber schon über hundert Jahre weitgehend zerstört. Dann wäre vielleicht Niedergundelfingen der richtige Schauplatz gewesen? — Fragen und nochmals Fragen, die sich möglicherweise eines Tages erhellen lassen, wenn in einem Archiv ein neuer Hinweis auftaucht.

Nach diesem langen Exkurs in die Geschichte soll unsere Wanderung lautertalabwärts versöhnlicher ausklingen. Ganz kurz unterhalb der Laufenmühle mündet von Norden das Wolfstal ein. Es ist sicher eines der schönsten Seitentäler der Lauter, wie so viele ein Trockental. Zu allen Jahreszeiten eine herrliche Wildnis mit eingangs fast versperrenden Felsen, wird es im zeitigen Frühjahr von besonders vielen Menschen aufgesucht. Unzählige Märzenbecher überziehen den Waldboden der Hänge, weiter oben treten die Felsen zurück. Eine Runde genügt, um sich ein wenig entrücken zu lassen, vielleicht reicht es auch für einen Blick in die kleine Bärenhöhle oder auf den hoch über dem Tal gelegenen, ehemaligen Tuffsteinbruch.

Nach nicht einmal einer halben Stunde kommt man nach Lauterach, wörtlich »das klare Wasser«. Wieder ist es ein weiterer Talboden hier, der allerdings recht gefährdet war und manchmal noch ist. Im Februar 1849 rauschte das Hochwasser über einen Meter hoch an den Hauswänden entlang.

Erneut wird es enger, die Felsen erdrücken das Tal fast. Am kleinen Elektrizitätswerk schwindelt sich der Weg am Zaun vorbei, und danach geht es über einen Eisensteg über die letzten Meter der Lauter. Neben der Mündung in die Donau wächst allerhand, beinahe denkt man noch an einen ursprünglichen Auenwald. »Von der Donau geschluckt, ins Schwarze Meer gespuckt, das war's«, fiel unserem Fotografen dazu ein. War es das wirklich?

Die Donau hinab

Drei Naturwanderungen

Sabine Zulauf

1. Rundwanderung:
Von Buttenhausen über den Steighof nach Bichishausen und zurück über die Ruine Hohenhundersingen

Länge: ca. 11 km

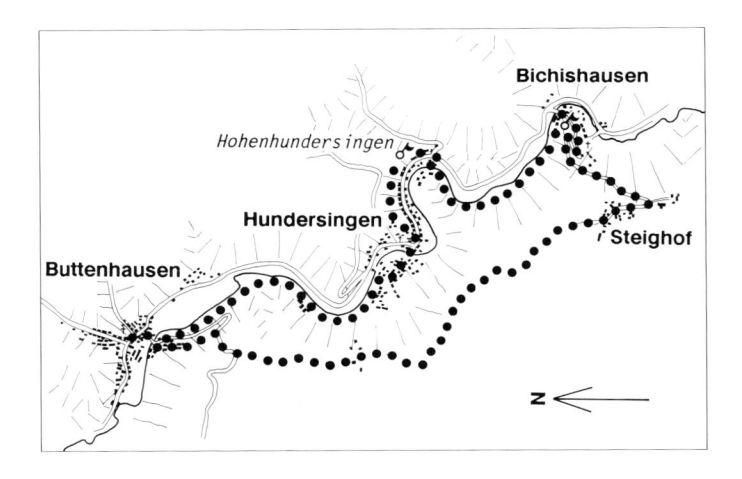

Lebensräume: Hecken, Haargerste-Buchenwald, Ackerflur, Obstwiesen, Große Lauter, Wacholder-Kiefern-Heide

Ausgangspunkt: Parkplatz oder Bushaltestelle in Buttenhausen

In Buttenhausen wollen wir unsere Wanderung beginnen: Es geht über die Lauter und die Mühlsteige den Berg hinauf. An der Kreuzung treffen wir auf eine Linde, die den Kreuzungspunkt markiert. Es ist eine Winterlinde. Sie blüht Anfang Juli und verbreitet einen wohlriechenden Duft. Ihr Nektarreichtum lockt viele Bienen an. Die Linde wurde schon bei den Germanen und Slawen als heiliger Baum verehrt. Man findet sie auf fast jedem Dorfplatz, auf Zentren gemeinschaftlicher Anlagen, an Brunnen und Wegekreuzungen. In Deutschland kommen zwei Lindenarten natürlich vor: die Winterlinde und die Sommerlinde. Man kann sie sehr einfach unterscheiden. Die Sommerlinde hat größere, nach unten gewölbte Blätter und 3 Blüten an den Fruchtständen. Die Winterlinde hat kleinere, dunkelgrüne Blätter und 5 bis 9 Blüten an den Fruchtständen. Bei der Linde gehen wir rechts den geteerten Weg nach oben, der nach 200 m eine Kurve beschreibt. Vor uns breitet sich die Hochfläche mit einer durch Hecken und Rainen reich gegliederten Landschaft aus.

Hecken – Reste der alten bäuerlichen Kulturlandschaft

Hecken sind ein gutes Beispiel, wie durch menschlichen Einfluß wertvolle Lebensräume entstanden sind. Bei der Rodung von Wald zur Gewinnung von Ackerfläche ließ man einzelne Gehölzreihen stehen, die als natürliche Zäune dienten, um die Tiere von den Äckern abzuhalten und um die Flurstücke abzugrenzen. Auf unbewirtschafteten Geländestreifen konnten sich spontan Hecken entwickeln. Eine Besonderheit auf der Schwäbischen Alb sind die Steinriegelhecken. In mühevoller Arbeit wurden die Steine von den Äckern aufgelesen und in Lesesteinriegeln abgelegt. Auf diesen Lesesteinriegeln siedelten sich lichtbedürftige Laubgehölze an. Hecken wurden aber auch bewußt vom Menschen gepflanzt, als Windschutzhecke oder zur Festigung von Hangkanten. Auf der windgeschützten Seite einer Hecke kann sich das Klima für den Ackerbau wesentlich verbessern. Bei starken Regenfällen vermindern Hecken die Bodenerosion.

Die Hecke – Ein Paradies für Tiere

Die Hecke hat noch weitere Vorteile für die Landwirtschaft. Sie ist Lebensraum für Tiere, die »biologische Schädlingsbekämpfung« leisten: für den Igel, die Spitzmaus, Schlupfwespen, Ameisen und Spinnen. Es wird uns nicht überraschen, daß die Vielzahl an Lebensräumen einer Hecke auch eine Vielzahl an Tierarten beherbergt. Zoologen fanden in einer gut ausgebildeten Hecke bis zu 1500 Tierarten. In der ausgeräumten Kulturlandschaft erfüllen Hecken die Funktion von Tierstraßen. In ihrem

Bei Buttenhausen

Schutz bewegen sich die Tiere fort. Hecken verbinden Lebensräume, die durch intensiv genutztes Acker- oder Wiesenland getrennt sind. Je besser das »Straßennetz« aufgebaut ist, um so besser können sich die Tiere fortbewegen, sich fortpflanzen und verbreiten und um so bessere Überlebenschancen haben sie.

Wir folgen dem Weg geradeaus, der nach Ehestetten führt. Auf der Höhe fehlen plötzlich die Hecken. Ausgedehnte Äcker und Wiesen kündigen Monotonie an. Hier können wir im Frühling die Feldlerche beobachten, die während ihres Fluges ununterbrochen am Tirilieren ist. Es heißt, wenn der trällernde Gesang der Feldlerche über die Felder klingt, ist der Frühling da. An der nächsten Kreuzung geht es nach links, dem Wanderzeichen mit der gelben Raute folgend. Nach einem Knick führt uns der Weg in den Wald.

Der Haargerste-Buchen-Wald
Der Haargerste-Buchenwald ist ein typischer Buchenwald der Hochfläche. Er ist nach der Haargerste (*Hodelymus europaeus*) benannt, die hier wächst. Die Buchen sind schlank und stehen eng beeinander, die Kronen bilden ein dichtes Dach. Deshalb ist es auch verhältnismäßig dunkel und der Unterwuchs an Sträuchern und Kräutern nicht sehr ausgeprägt.
Die Buche ist in Mitteleuropa am konkurrenzstärksten. Deshalb sind unsere Wälder oft reine Buchenwälder. Nur dort, wo die Standorte für sie zu naß oder zu trocken und mager werden, oder im Gebirge wird sie von Baumarten abgelöst, die diese extremen Bedingungen besser vertragen.
Im Vorfrühling können wir im Buchenwald den rosa blühenden Seidelbast bewundern. Er duftet betörend gut, doch Vorsicht, er ist giftig!

Schon bald verlassen wir den Wald wieder und laufen auf die Steighöfe zu. Da könnte uns eine Besonderheit rechts des Weges auffallen: ein Getreidefeld, das sich von den anderen deutlich unterscheidet. Die Halme stehen lichter, und dazwischen mischen sich bunte Blumen. Dieses Feld wird nach biologischen Gesichtspunkten bewirtschaftet.

Ackerwildkräuter – bunte Tupfer im Getreidefeld
Was früher ein gewohnter Anblick war, ist heute zur Seltenheit geworden. Früher säumten eine Reihe bunter Kräuter das Ackerfeld und mischten sich unter das Getreide. Als Ackerwildkräuter werden die Pflanzenarten bezeichnet, die als sogenannte Begleitflora eng an den beackerten Boden gebunden sind. Da jede Kultur ihre besondere Bewirtschaftungsform hat, findet man immer ganz bestimmte Wildkräuter zusammen mit bestimmten Kulturpflanzen. Für die meisten Bauern sind Ackerwildkräuter lästige Unkräuter, die sie mit Herbiziden wegspritzen und dabei den Boden und die Kulturpflanze mit giftigen Stoffen belasten. Aber Ackerwildkräuter können durchaus auch positive Auswirkungen auf den Getreideanbau haben: Sie durchwurzeln und durchlüften den Boden, schwächen das Übertreten von Schädlingen auf die Kulturpflanze und bieten Nahrungsgrundlage für nützliche Insekten.

Wir gehen weiter und kommen durch die Steighöfe, eine alte Bauernansiedlung. Charakteristisch sind die Streuobstwiesen im Windschatten der Höfe. Obstwiesen umkränzten früher jedes Dorf und jeden Hof und bildeten so einen harmonischen Übergang zwischen Siedlung und Landschaft. Wie schön sind die Obstbäume im Frühling, wenn ihr weißes Blütenkissen Anfang Mai zahlreiche Bienen anlockt und der Duft die Luft erfüllt. Zu Füßen der Obstbäume blühen dann Schlüsselblumen und Gänseblümchen. Wegen des rauhen Klimas beschränkt sich der Obstanbau auf der Schwäbischen Alb auf robuste Apfel- und Birnensorten. Früher war die Sortenauswahl noch groß, doch heute sind leider viele der wohlschmeckenden Obstsorten verschwunden.

In den Höhlen morscher Obstbaumäste brüten Spechte, Trauerschnäpper, Wendehals und Steinkauz. Auch Fledermäuse, Garten- und Siebenschläfer siedeln sich in den Baumhöhlen an. Unter der dicken Rinde kommen viele Insekten vor, die den Vögeln als Nahrung dienen.

Hinter den Steighöfen nehmen wir den Talweg nach Bichishausen und folgen dem Weg entlang der Lauter nach Hundersingen.

Paddelspaß auf der Lauter – für die Lauter kein Spaß!

Zu einem besonderen Problem wurde das Bootsfahren auf der Lauter. In Bichishausen und Buttenhausen besteht die Möglichkeit, Kajakboote und Kanus auszuleihen. In den letzten Jahren hatte das Bootsfahren so zugenommen, daß an sonnigen Wochenenden die Boote dicht auf dicht folgten. Die meist ungeübten Fahrer stoßen mit ihren Booten und Paddeln am Ufer an. Dadurch werden die Ufer angerissen und die Ufervegetation geschädigt. Auch durch wildes Anlegen und Lagern an der Lauter werden Ufer und angrenzende Wiesen beschädigt. Besonders negativ wirkt sich der Rummel auf der Lauter auf die Wasservögel wie Wasseramsel, Teichhuhn und Zwergtaucher aus, die an den Ufern brüten. Die Nachteile für die Natur waren so groß, daß das Bootfahren zwischen Buttenhausen und Gundelfingen jetzt nur noch außerhalb der Balz- und Brutzeit der Vögel erlaubt ist: Vom 1. Oktober bis 15. März darf man paddeln, und an Werktagen auch vom 1. Juli bis 30. September. So schön es ist, vielleicht weichen Bootfahrer aber besser freiwillig auf größere Flüsse aus?

Am Ortsanfang Hundersingen überqueren wir die Lauter, um zur Ruine Hohenhundersingen zu gelangen. Über der Straße geht an der Bushaltestelle rechts ein steiler Pfad hinauf. Von der Ruine nehmen wir den unteren Pfad zurück, der uns parallel zum Hang durch eine Wacholderheide führt. Diese Heide ist in ihrer Verbuschung schon weit fortgeschritten. Eschen, Haselnußsträucher und vor allem die Kiefer sind hier aufgewachsen. Die Kiefer kommt im Gebiet nicht natürlich vor. Sie ist vom Menschen eingebracht worden, wächst aber gut auf den trockenen, mageren Kalkböden. Da sie sehr lichtbedürftig ist, konnte sie sich auf den aufgelassenen Heiden verbreiten. Wir kommen am Friedhof von Hundersingen heraus, auf dem ein paar große Linden stehen. Wenn wir den Blick nach oben gleiten lassen, fällt uns sofort ein mächtiger Baum mit einer ausladenden Krone, einem kurzen, dicken Stamm und knorrigen Ästen auf. Es ist eine Stieleiche.

Die Stieleiche – ein knorriger Geselle

Die Eiche dürfte etwa 250 bis 300 Jahre alt sein, doch man würde sie älter schätzen. Durch den freien Stand auf der ehemaligen Schafweide konnte sie sich gut entfalten. Der Name Stieleiche (*Quercus robur*) irritiert ein wenig. Die Blätter sind nämlich nicht gestielt, sondern am Blattgrund eingebuchtet. Gestielt sind die Früchte. Hingegen hat ihre Verwandte, die Traubeneiche (*Quercus pubescens*), die auf sandigen Böden vorkommt, gestielte Blätter und sitzende Früchte.

Weiter geht es auf dem geteerten Weg nach unten ins Dorf, wo wir wieder die Lauter überqueren und zurück zu unserem Ausgangspunkt, nach Buttenhausen kommen.

2. Rundwanderung

Von Bichishausen zum Schloß Derneck und zurück über Wittstaig und die Burg Hohengundelfingen

Länge: ca. 10 km

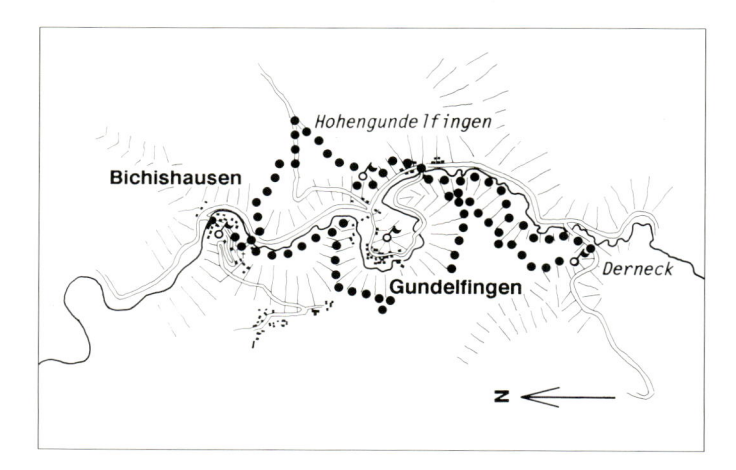

Lebensräume: Wacholderheide, Fichtenaufforstung, Felsspaltengesellschaft

Ausgangspunkt: Wanderparkplatz oder Bushaltestelle vor dem Gasthof Hirsch in Bichishausen

Vom Parkplatz aus gehen wir ein kurzes Stück entlang der Straße in Richtung Gundelfingen und überqueren die Lauter. Entlang der Lauter führt uns ein Weg bis kurz vor Gundelfingen, wo wir den Pfad rechts hoch zum »Bürzel« nehmen. Vor uns erstreckt sich eine ausgedehnte Wacholderheide am Hang.

Aromatisch duftende Wacholderheide
Wacholderheiden sind ganz besondere Pflanzengemeinschaften, die durch Schafbeweidung entstanden sind. Normalerweise würde an den steilen sonnseitigen Hängen im Lautertal ein lichter Buchenwald vorkommen. Durch Rodung und Schafbeweidung dieser Hänge konnte ein sehr wertvoller und landschaftlich ausgesprochen reizvoller Lebensraum entstehen. Die Schafe, die hier weideten, fraßen nicht jedes Kraut, das auf der Wiese stand. So konnten gerade diese Kräuter vermehrt wachsen, und es bildete sich eine eigene Artenzusammensetzung heraus. Die Schafe meiden aromatische Kräuter wie Schafgarbe, Steinquendel, Majoran, Thymian und Bergminze — Gewürzpflanzen, die wir am Geruch erkennen können. Man muß nur die kleinen Blätter von Thymian, Majoran oder Minze zwischen den Fingern zerreiben und daran riechen. Pflanzen wie die Wolfsmilch, der Fransenenzian, die Küchenschelle und der Staudenholunder werden von den Schafen nicht gefressen, weil sie für diese giftig sind.

Auf andere Art »retten« sich das kleine Habichtskraut, der Wegerich, das Katzenpfötchen und der Löwenzahn vor dem Schafsbiß: Sie haben eng am Boden liegende Blattrosetten, die das Schafsmaul nicht erreichen kann. Mit Dornen und Stacheln wehren sich die Hauhechel, die Silberdistel, Rosen, Schlehen und der für diese Heiden so typische Wacholder. Der gemeine Wacholder (*Juniperus communis*) ist eine sehr genügsame Pflanze und kommt in ganz Europa vor. Sein Aussehen kann nach dem Standort stark variieren. Da er ein Tiefwurzler ist, kann er auch auf sehr trockenen Böden wie z.B. auf den steilen Hängen im

Lautertal wachsen. Nachdem die Schafbeweidung in der zweiten Hälfte dieses Jahrhunderts drastisch zurückgegangen war, setzte die Verbuschung der Heiden ein. Auch wurden Heiden in Mähwiesen umgewandelt oder mit ertragreichen Nadelholzarten aufgeforstet. Heute muß der Mensch künstlich eingreifen, um die wertvollen Bestände der Trockenrasenpflanzen zu erhalten.

Neben der Pflanzenwelt ist auch die Tierwelt der Wacholderheiden sehr artenreich. Bewohner der Heide sind Hautflügler, Ameisen, Wanzen, Zikaden, Grillen, Heuschrecken und Schmetterlinge.

Der »Bürzel« ist sicher einer der schönsten Aussichtspunkte im Großen Lautertal. Eine Bank lädt zum Verweilen ein. Wir blicken auf einen Bergkegel, auf dem die Ruine Niedergundelfingen steht. Die Lauter umläuft in einer großen Schleife diesen Kegel aus härterem Gestein. An der Stirnseite fällt eine Fichtenaufforstung auf, die sich durch ihr dunkleres Grün von dem Laubwald abhebt.

Gespenstische Leere in der Fichtenaufforstung
Die Fichte (*Picea abies*) würde natürlicherweise hier im Lautertal gar nicht vorkommen. Ihre Lebensräume sind die Mittelgebirge und die höheren Lagen der Alpen. Im Lautertal wurde die Fichte künstlich in Reinkulturen angebaut, um von dem schnellen Wachstum der Bäume und dem guten Holzertrag zu profitieren. Fichten wurden vor allem im 19. und 20. Jahrhundert auf ehemaligen Brachflächen und Heiden gepflanzt. Wo die Fichten in Reih und Glied gepflanzt sind, wächst und gedeiht sonst nichts mehr. Der Fichtenforst ist die artenärmste Pflanzen -und Tiergesellschaft in Mitteleuropa.

Vom »Bürzel« geht es weiter, dem Wanderzeichen mit der gelben Raute folgend, in Richtung Burg Derneck. In Serpentinen führt uns der Weg nach unten durch den Buchenwald. Wo der Weg wieder den Wald verläßt, kommen wir auf eine Straße, auf der wir ein Stück talwärts gehen und dann rechter Hand in einen Wiesenweg einbiegen. Die Felder sind durch Steinriegelhecken unterteilt, auf denen trockenheitsverträgliche Sträucher wie Schlehe, Rose und Pfaffenhütchen wachsen. Das Pfaffenhütchen (*Euonymus europaeus*) hat seinen lustigen Namen durch die karminroten, hutförmigen Früchte erhalten. Das Wanderzeichen führt uns zur Burg Derneck und wieder hinab ins Tal. Wir nehmen den Fußweg nach Wittsteig, überqueren die Lauter und folgen auf der anderen Straßenseite dem Wegweiser zur Burg Hohengundelfingen.

Von der Burg Hohengundelfingen präsentiert sich das Tal der Großen Lauter wie ein aufgeschlagenes Bilderbuch. Morphologisch läßt sich das Tal in drei Abschnitte gliedern: die Talaue, die Randhänge und die Hochfläche.
In der Talaue bestimmen die frischen Auwiesen und die bäuerlichen Ansiedlungen das Landschaftsbild. Die Böden sind frisch und nährstoffreich, da sie periodisch überschwemmt werden und das Grundwasser hoch ansteht. Die Höfe und Dörfer werden häufig von Obstwiesen eingerahmt und fügen sich so harmonisch in das Landschaftsbild ein.
Die Randhänge sind im Kontrast zu der lieblichen Talaue steil und trocken. An den steilen Hängen konnte sich kaum Boden bilden, er wurde immer wieder abgetragen. In dem zerklüfteten Kalkgestein versickert das Wasser schnell. Für die Landwirtschaft sind solche Hänge völlig ungeeignet. Sie werden in der Regel von Buchenwäldern bewachsen. An den Hangfüßen, wo sich die abgerutschte Feinerde gesammelt hat, konnte sich ein besonderer Waldstandort, der »Kleebwald« entwickeln. Er ist ähnlich dem Schluchtwald, der in tief angeschnittenen Tälchen und sumpfigen Quellaustritten vorkommt. An sehr steilen Hangabschnitten, auf fast felsigen Standorten geht der Buchenwald in eine Steppenheide über. Auf ihr können kaum noch Bäume und Sträucher wachsen. Wacholderheiden kommen vor allem an den Südhängen vor. Mehrere kleine Seitentälchen münden in das Lautertal und bilden Hänge unterschiedlicher Standorte aus.
Die Hochfläche wird vorwiegend ackerbaulich genutzt, denn hier finden sich die besten landwirtschaftlichen Böden des Gebietes. Auf Böden, die weniger günstig für den Ackerbau sind, wachsen hochwüchsige, dichte

Buchenwälder. Vereinzelt kommt die Salbei-Glatthaferwiese auf der Hochfläche vor, eine blumenreiche, extensiv genutzte Wiese auf trockenen und mageren Standorten.

Die Bewohner der Felsspalten
An der Burg Hohengundelfingen können wir Pflanzen der Felsspalten kennenlernen. Die Bedingungen für die Pflanzen an diesen Standorten sind hart, und nur speziell angepaßte Planzenarten können überleben. Die Pflanzen sind einer hohen Sonneneinstrahlung und hohen Temperaturschwankungen unterworfen. Die Wasser- und Nährstoffversorgung ist schlecht, denn Humus hat sich nur in den Ritzen des Gesteins angesammelt. Die Pflanzen schützen sich vor Verdunstung und Sonnenbrand durch kleine Blätter, die oft noch mit einer Wachsschicht oder einem Haarfilz bedeckt sind. Betrachten wir einmal den Mauerpfeffer: Seine Blätter erinnern an Kakteengewächse. Meist schmiegen sich die Pflanzen dicht an das Gestein, um den harten Bedingungen nicht allzusehr ausgesetzt zu sein. Selten wachsen sie so vorwitzig in die Höhe wie das Turmkraut. In den Mauerritzen wachsen kleine Farne, die Mauerraute und der Schwarzstielige Streifenfarn.

Von der Burg gehen wir noch ein Stück den Waldweg nach oben und dann entlang einer Straße, bis uns ein Weg wieder ins Tal nach Bichishausen führt.

3. Rundwanderung

Von Anhausen über die Schülzburg und die Ruine Monsberg nach Unterwilzingen und zurück über die Gerberhöhlen

Länge: ca. 14 km

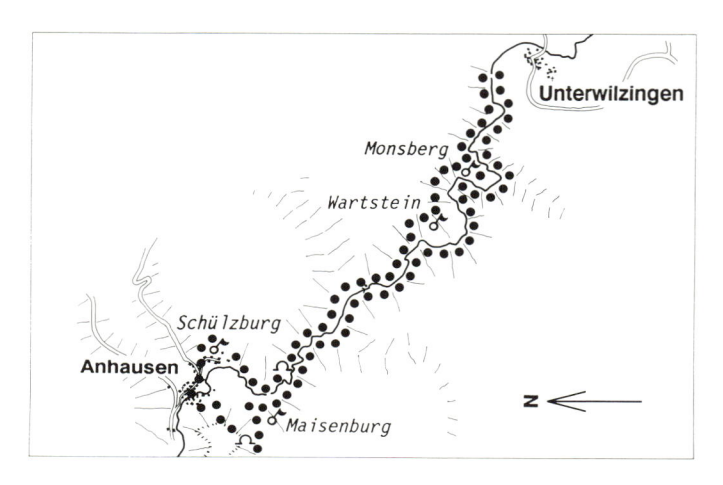

Lebensräume: Felsen und Felsspalten, Karstquelle, Kalk-Buchenwald, Hochstaudengesellschaft, Höhlen

Ausgangspunkt: Wanderparkplatz oder Bushaltestelle am Ortseingang Anhausen

Ab Anhausen ist die Straße entlang der Lauter für den Autoverkehr gesperrt, daher gehört dieser Abschnitt des Tals auch zu den beliebtesten Wandergebieten.
Wir gehen durch die malerische Ortschaft mit den alten Fachwerkhäusern, kommen am Backhaus vorbei, an dem sich heute noch die Frauen zum Brotbacken treffen, und nehmen den Talweg entlang der Lauter Richtung Unterwilzingen. Kurz vor den letzten Häusern Anhausens zweigt ein beschilderter Pfad ab zur Schülzburg. Die Burg, die 1884 abbrannte, ist jetzt wieder restauriert und begehbar gemacht. Die Flora rings um die Schülzburg ist von besonderer Schönheit. Die Vegetationsgesellschaft an der Schülzburg wird als Steppenheide bezeichnet.

Die Steppenheide – Übergang von der Heide zur Felssteppe
Die Steppenheide kommt auf den vorspringenden Felsen und extrem steilen Kuppen der Südhänge vor. Sie wird als lückiger Bestand von Sträuchern und Gräsern beschrieben. Dazwischen schaut der steinige Boden hervor. Vereinzelt können auch Bäume von knorrigem Wuchs auftreten. Ein Wald kann sich nicht bilden, da solche exponierten Felsnasen zu trocken und zu wenig humusreich sind. Die Steppenheide verzahnt sich mit angrenzenden Trockenrasen und Wäldern. Solche Übergangsbereiche sind äußerst wertvoll für die Tierwelt. Sie weisen eine hohe Pflanzenvielfalt auf engem Raum auf und sind reich strukturiert.

Ein Waldweg führt uns wieder hinab ins Tal. Von dort nehmen wir den Wanderweg entlang der linken Talseite nach Unterwilzingen. Das Tal ist inzwischen enger geworden. Nach etwa 1 km erhebt sich auf der linken Wegseite eine mächtige Felswand mit zahlreichen kleineren Karsthöhlen. Sie werden die »Ochsenlöcher« genannt und sind als Naturdenkmal ausgewiesen. Die Ochsenlöcher sind Brutplätze für die Turmfalken und die sehr selten gewordenen Wanderfalken. Da die Ochsenlöcher beliebte Kletterfelsen sind, besteht hier ein Kletterverbot vom 15. 3. bis 30. 6. eines jeden Jahres, um die Falken in der Brutzeit nicht zu stören.

Zwei heimische Falkenarten
Der Wanderfalke ist ein schneller Flieger und Jäger. In der Nähe von Städten ist er sehr nützlich geworden, weil er Tauben jagt und damit die Taubenplage bekämpft. Häufiger als der Wanderfalke kommt bei uns der Turmfalke vor. Wir können ihn in Städten beobachten, wie er die Türme der Dome und Kirchen umkreist, in denen er sein Nest hat. Sonst horstet der Turmfalke auf Felsvorsprüngen, in Baumlöchern und Baumkronen. Typisch für seine Jagdweise ist das Rütteln: mit schnellen Flügelschlägen verharrt er dabei auf einer Stelle und sucht so das Gelände unter sich ab. Neben Mäusen fängt er auch größere Nagetiere. Sein Nest baut er nicht selbst, sondern übernimmt es von Krähen und Eichhörnchen.

Der Weg führt uns an steilen Felswänden und Höhlen vorbei, bis wir vor einer Wegebiegung am rechten Wegrand eine Karstquelle, den Blaubrunnen, sehen. Das Wasser hat sich in unterirdischen Gängen in dem zerklüfteten Kalkgestein gesammelt und tritt an der Quelle wieder zutage.
Ein Stück weiter zweigt ein Weg ab, der durch einen roten Balken gekennzeichnet ist und zur Ruine Wartstein führt. Von der Ruine hat man einen traumhaften Ausblick auf die Landschaft.
Ein Pfad führt in Serpentinen wieder nach unten, bis ein Wanderzeichen den Burgenwanderweg entlang des Hanges Richtung Laufenmühle angibt. Er führt durch einen Buchenwald.

Bunte Buchenwälder
Im Frühjahr ist der Hang hier voller lila blühender Immergrün. Am schönsten sind die Buchenwälder jedoch im Herbst, wenn die bunten Blätter in der Sonne strahlen. Das Laub am Boden raschelt beim Hindurchlaufen, und auffallend weiß leuchten die Kalksteinbrocken dazwischen hervor. Das herabgefallene Laub ergibt den Humus, der den Bäumen im Frühjahr Kraft zu neuem Wachstum gibt. Die Hangbuchenwälder im Lautertal sind licht, denn die Konkurrenz um die Nährstoffe und das Bodenwasser ist hoch. Da viel Licht auf den Boden dringt, können Sträucher und Kräuter im Unterwuchs gut gedeihen. Die trockenen Hangbuchenwälder zählen zu den artenreichsten Waldgesellschaften Mitteleuropas. Hier wachsen auch einige selten gewordene Seggen und Orchideen.
An der Ruine Monsberg gehen wir den Pfad hinab zum Talweg entlang der Lauter, bis es über einen kleinen Steg nach Unterwilzingen geht. Auf der anderen Seite der Lauter gehen wir zurück und folgen den Schleifen, die die Lauter durch das Tal zieht.

Uferhochstauden – Liebhaber der Nährstoffe und feuchten Böden
Entlang dem Ufer der Lauter wachsen Hochstauden. Es sind krautige Pflanzen, die auf nährstoffreichen, nassen Böden gut gedeihen. Im Gegensatz zu den kleinblättrigen,

niederliegenden Kräutern der Felsvegetation sind diese Pflanzen hochwüchsig und haben teils lappige Blätter, denn sie müssen keine Angst vor Wassermangel haben und sich nicht vor Verdunstung schützen. Häufig kommt das Mädesüß vor, eine Staude mit weiß-rosa Blütenrispen. Der Name kommt von dem althochdeutschen Wort »met«, da die Pflanze als Zusatz zu diesem bierähnlichen Getränk verwendet wurde. Weitere Uferhochstauden sind der rotviolette Storchschnabel, das Sumpfvergißmeinnicht und die bekannte Brennessel. Zu Unrecht wird die Brennessel als Unkraut beschimpft. Sie ist unter anderem eine wichtige Futterpflanze für Raupen folgender Schmetterlinge: Admiral, Brauner Bär, Distelfalter, Kaisermantel, Kleiner Fuchs und Tagpfauenauge.

Der Graureiher zu Gast im Großen Lautertal

Auffallend ist ein großer, storchenähnlicher, eleganter Vogel, der zur Nahrungssuche an die Lauter kommt: der Fisch- oder Graureiher. Weil er Fische fängt, wurde dieser Vogel als Schädling noch bis vor wenigen Jahren rücksichtslos verfolgt, ohne zu bedenken, daß er durch die Erbeutung kranker und schwacher Fische eine natürliche Aufgabe erfüllt. In der Nähe des Lautertals brütet eine größere Kolonie Graureiher. Es sind scheue Vögel, und wir können sie nur an ruhigen Tagen im Lautertal aus großer Entfernung beobachten.

Ein Stück weiter des Weges kommen wir am »Hohen Gießel« vorbei, einem kleinen Wasserfall in der Lauter, der in Kaskaden nach unten fällt. Der Hohe Gießel ist als Naturdenkmal ausgewiesen. An ihm kann man eindrucksvoll die Entstehung von Kalktuff (auch Quell- oder Bachkalk genannt) beobachten. Der Kalktuff wird gebildet, indem sich durch die Geländestufe aufgewirbeltes, stark kalkhaltiges Wasser mit Luft vermengt, wobei Kalk ausfällt. Er lagert sich an Moosen, Algen und Pflanzenstengeln an und bildet so ein poröses Gestein — den Kalktuff.

Altarme – wertvolle Reste des alten Flußbettes

Kurz hinter dem Wasserfall teilt sich die Lauter in einen begradigten Flußlauf und eine Altwasserschleife. Die Altwasserschleife wurde von der Naturschutzgruppe Alb renaturiert. Die Ufer bilden Buchten, Steilwände und Sandbänke aus. Im Gewässerbett führen Steinschüttungen zu einem bewegten Wasserlauf mit Ruhe- und Strömungszonen. Altarme stellen wertvolle Lebens- und Rückzugsräume für Gewässerorganismen dar und sind unter anderem Laichplätze für Fische, Frösche und Kröten. In den Ruhebereichen des Gewässers erwärmt sich das Wasser schneller und fördert den Pflanzenwuchs. Plankton und andere Gewässerorganismen wie zum Beispiel Weichschnecken fühlen sich hier wohl. An den krautreichen Ufern der Altarme brüten Vögel, wie Bachstelze, Bläßhuhn, Stockente, Wacholderdrossel und Wasseramsel. Altarme sollten unbedingt in Verbindung mit dem Fließgewässer stehen.

Am Klärwerk zweigt ein Weg zu den Gerberhöhlen ab. Wir folgen ihm, bis sich ein großer Felsen aus Massenkalk über uns erhebt. Kalk, der durch kohlensäurehaltiges Sickerwasser ausgewaschen wurde, hat mehrere größere Höhlengänge in der Felswand zurückgelassen.

Wo die Fledermaus haust

Die Gerberhöhlen sind gute Winterquartiere für Fledermäuse. Dazu eignen sich nur kühl-feuchte, frostsichere, zugfreie Höhlen und Stollen. Im Sommer leben die Fledermäuse in Kellern und Dachstühlen der alten Bauernhäuser. Da Fledermäuse nachtaktive Tiere sind, bekommen wir die wendigen Flieger erst in der Abenddämmerung zu Gesicht. Dann gehen sie auf Jagd nach Insekten, Nachtfaltern, Heuschrecken und Spinnen. Fledermäuse haben einen hohen Stoffwechselumsatz und brauchen sehr viel Nahrung. In ihrer Winterruhe dürfen sie daher nicht gestört werden, weil sie sonst zu viel Energie verbrauchen und mangels Nahrung im Winter verhungern müssen. An den Höhlen vorbei führt ein steiler Pfad nach oben bis zu einem breiten Waldweg, der entlang dem keltischen Ringwall von Althayingen verläuft. Nach einer halben Runde zweigt ein Weg ins Tal ab, der uns wieder ins Tal nach Anhausen führt.

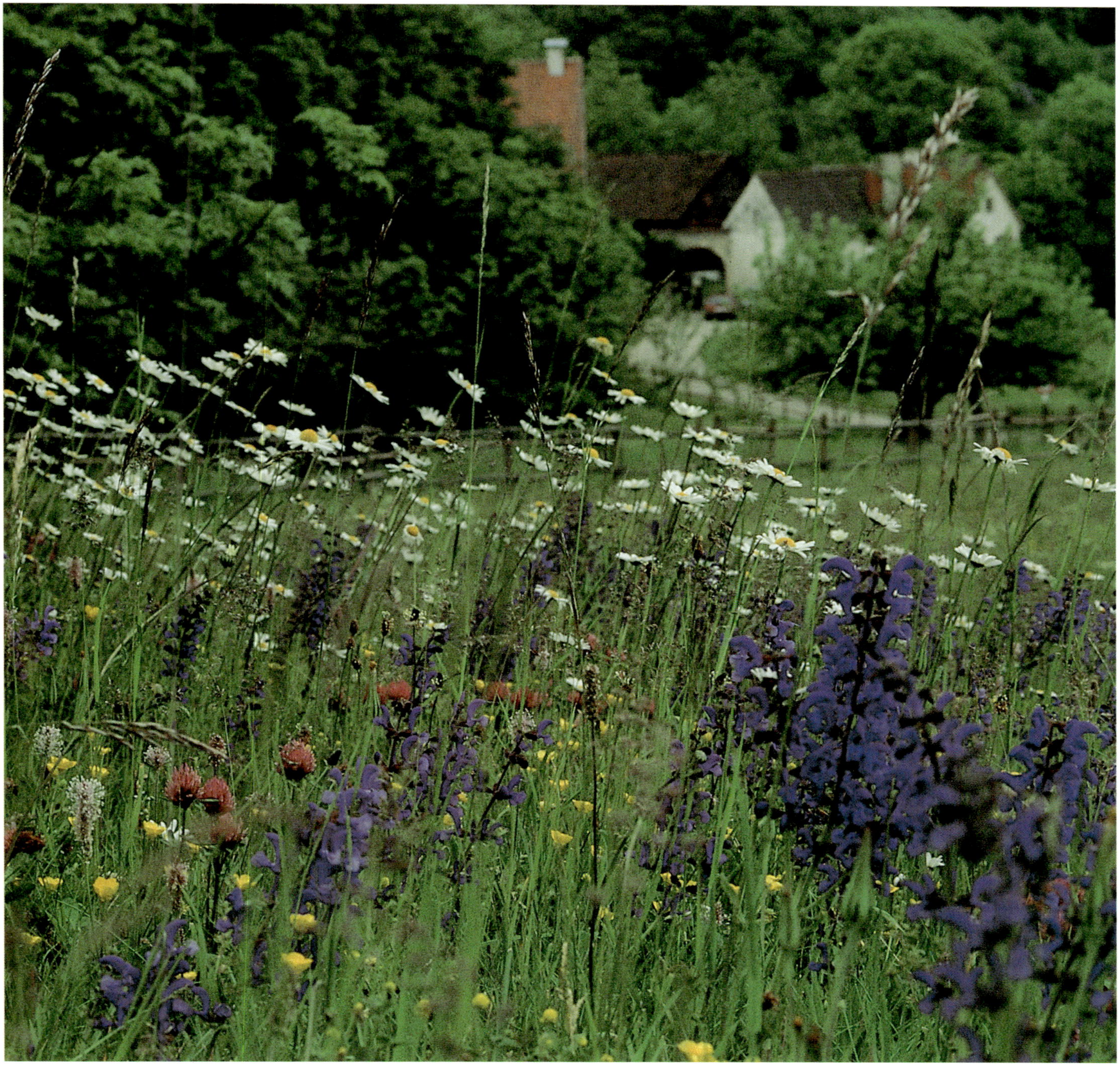